GUIDE PRATIQUE

POUR LA

RECHERCHE ET L'EXPLOITATION DE L'OR

EN

GUYANE FRANÇAISE

TOURS. — IMPRIMERIE DESLIS FRÈRES.

RAPPORT A M. LE MINISTRE DE L'INSTRUCTION PUBLIQUE
SUR L'EXPLOITATION DE L'OR EN GUYANE

GUIDE PRATIQUE

POUR LA

RECHERCHE ET L'EXPLOITATION

DE

L'OR EN GUYANE FRANÇAISE

PAR

M. E. D. LEVAT,

Ancien élève de l'École Polytechnique, Ingénieur civil des Mines,
Chargé de Mission en Guyane.

(Extrait des ANNALES DES MINES, livraisons de Mars, Avril et Mai 1898.)

AVEC UNE

ANNEXE

donnant le texte des Décrets qui régissent les placers
dans la Colonie

PARIS

Vᵛᵉ CH. DUNOD, ÉDITEUR

LIBRAIRE DES CORPS NATIONAUX DES PONTS ET CHAUSSÉES, DES MINES
ET DES TÉLÉGRAPHES

49, Quai des Grands-Augustins, 49

1898

RAPPORT A M. LE MINISTRE DE L'INSTRUCTION PUBLIQUE
SUR L'EXPLOITATION DE L'OR EN GUYANE

GUIDE PRATIQUE

POUR LA

RECHERCHE ET L'EXPLOITATION

DE

L'OR EN GUYANE FRANÇAISE

PAR

M. E. D. LEVAT,

Ancien élève de l'École Polytechnique, Ingénieur civil des Mines,
Chargé de Mission en Guyane.

(Extrait des ANNALES DES MINES, livraisons de Mars, Avril et Mai 1898.)

AVEC UNE

ANNEXE

donnant le texte des Décrets qui régissent les placers
dans la Colonie

PARIS

Vᵉ Cʜ. DUNOD, ÉDITEUR

LIBRAIRE DES CORPS NATIONAUX DES PONTS ET CHAUSSÉES, DES MINES
ET DES TÉLÉGRAPHES
49, Quai des Grands-Augustins, 49

1898

GUIDE PRATIQUE

POUR LA

RECHERCHE ET L'EXPLOITATION DE L'OR

EN GUYANE FRANÇAISE.

INTRODUCTION.

But de la mission. — Le but de la mission, dont M. le Ministre de l'Instruction Publique m'a fait l'honneur de me charger dans les Guyanes, était de recueillir sur ces régions encore peu étudiées, des renseignements géologiques et techniques permettant de faire une étude détaillée des richesses minérales qu'elles contiennent.

J'ai complété cette première partie de mon programme par l'application de mes études géologiques générales à l'industrie aurifère Guyanaise. J'ai été assez heureux pour pouvoir, pendant les cinq mois que j'ai pu consacrer à ma visite, réunir et grouper un nombre suffisant de faits, pour arriver à les coordonner et à les présenter sous la forme d'instructions pratiques, destinées à faciliter leurs travaux tant aux exploitants actuels, qu'à ceux appelés à venir plus tard mettre en valeur les richesses minérales inexploitées de la colonie.

C'est surtout dans les pays neufs et presque inexplorés, comme l'ont été jusqu'ici les Guyanes, que des documents analogues à ceux que j'ai cherché à réunir ici, présentent un intérêt immédiat. L'absence de données précises sur les conditions dans lesquelles peut s'exercer l'industrie minière dans un pays neuf, est une des causes qui agit le plus puissamment pour arrêter l'essor de cette industrie.

La raison en est simple.

D'une part, en effet, les exploitations existant déjà dans le pays, livrées à elles-mêmes, sans avoir les moyens de sortir de leurs procédés et de leurs méthodes primitives, persévèrent dans leur routine. Ne possédant ni les moyens financiers, ni le personnel technique capable, instrument indispensable à toute amélioration industrielle quelle qu'elle soit, elles végètent dans leurs errements anciens, décourageant, par les résultats médiocres ou mauvais qui en sont la conséquence, toute tentative d'amélioration ou de transformation.

D'autre part, l'attention publique déjà si difficile à fixer sur les affaires lointaines, s'y porte d'autant moins que l'absence totale de tous renseignements tend à l'éloigner encore davantage de pays sur lesquels on ne peut se procurer aucune donnée digne de foi.

Dans les Guyanes et plus particulièrement encore dans la Guyane Française, qui a été l'objet principal de mon étude, ces difficultés d'ordre général, communes à tous les pays coloniaux inexplorés, sont aggravées encore par un concours de circonstances défavorables.

Le climat tout d'abord, bien qu'il ait été trop souvent à mon avis rendu responsable d'échecs dus à d'autres causes, n'est certainement pas favorable à l'habitation permanente du pays par les Européens, surtout dans la zône côtière, basse et marécageuse qui borde les Guyanes. Il faut donc prévoir, comme d'ailleurs dans toutes les affaires, quelles qu'elles soient, qui exigent un personnel

blanc sous les tropiques exposés aux alizés, un roulement
de ce personnel, de manière à ne pas prolonger au-delà
d'une durée assez courte son séjour sur les lieux.

La végétation exubérante qui caractérise le sol des
Guyanes, constitue un autre genre de difficulté dont on
ne peut se faire une idée qu'après avoir été aux prises
avec elle. On verra, au chapitre traitant de la recherche
et de l'exploitation des placers, les frais de déboisement
qu'entraine la présence ininterrompue sur le sol guyanais
des grandes forêts qui le couvrent.

Il faut reconnaître enfin que la Guyane Française se
trouve placée, en ce qui concerne les questions capitales
de la main-d'œuvre et des transports, dans des conditions
d'infériorité telles, qu'elles seules suffiraient à expliquer
la disparité frappante, choquante, qui existe entre cette
colonie et ses florissantes voisines immédiates : hollandaise (Paramaribo) et anglaise (Georgetown-Demerara).
Je me suis attaché, toutes les fois que l'occasion s'est
présentée, à mettre en évidence ces différences, de
manière à montrer clairement la voie à suivre pour faire
entrer la Guyane Française dans l'ère de prospérité et
de progrès que ses richesses minières, encore à peine
effleurées, lui assurent indubitablement dans l'avenir.

Je dois me borner dans cette introduction, sorte d'esquisse du plan et de l'esprit de l'ouvrage, à faire comprendre en quelques mots les causes principales qui ont
amené l'opinion généralement répandue en France, que la
Guyane Française, malgré quelques découvertes aurifères
retentissantes, malgré une production d'or régulièrement
croissante qui assure somme toute, sinon la richesse, tout
au moins l'aisance indiscutable dont jouit cette colonie,
n'était pas un pays digne d'attirer l'attention publique. On
pense — et telle était mon opinion en partant — qu'en
définitive, étant données les difficultés spéciales dues tant
au climat qu'aux autres causes plus complexes qui ont

jusqu'ici entravé tout progrès, le mieux est de laisser aller les choses sans faire un effort, hors de proportion avec le résultat probable, pour donner à ce pays l'outillage primordial qui lui manque : des bras ; un chemin de fer.

Comme toutes les colonies à cultures tropicales primitivement basées sur la main-d'œuvre esclave, la Guyane, florissante au siècle dernier, renommée par ses cultures spéciales, pour le rocou surtout, a été frappée dans ses œuvres vives par la suppression, sans période de transition, du régime esclavagiste ; c'est alors qu'a débuté l'exploitation de l'or, car, comme on le verra plus loin, la découverte de l'or en Guyane est un fait, on peut le dire, tout récent. Cette découverte a produit immédiatement son effet, effet commun d'ailleurs à tous les pays qui contiennent des placers et dont il n'y a lieu ni de s'étonner ni de s'effrayer outre mesure, car il est passager.

Tous les travaux autres que ceux des placers ont été aussitôt délaissés, les rares plantations qui avaient, tant bien que mal, survécu à l'abolition de l'esclavage ont définitivement disparu. Quelques caféiers, cacaoyers, perdus dans la brousse, enfouis sous les lianes, sont aujourd'hui les seuls vestiges de l'ancienne prospérité agricole.

Il est intéressant de constater que cet état de choses, conséquence fatale de l'abolition de l'esclavage et de la découverte des placers — deux faits qui par leur nature même sont, à juste titre, considérés généralement comme des événements heureux — n'a pas été apprécié de la même façon par tout le monde. Il convient notamment de citer la manière dont étaient envisagées, il y a douze ans, la valeur et l'importance de l'industrie aurifère guyanaise par la Colonie elle-même (*).

(*) Notices Coloniales publiées, par le Ministère de la Marine et des Colonies, à l'occasion de l'Exposition Universelle d'Anvers en 1885. Paris, Imprimerie Nationale, t. III, p. 89. Guyane (Notice envoyée par la Colonie, le 28 Avril 1885).

« 1° *Tous les bras valides aux mines.* — « Les
« vieilles gens, dit-on ici, sont à l'habitation, les jeunes
« à la mine d'or. L'indigène défriche un abatis par le
« feu, construit une case, plante du manioc et laisse là
« les vieillards, les femmes et les enfants. La population
« jeune et valide va gagner — c'est son droit — 3, 4 ou
« 5 francs par jour, sur les placers, laissant à peu près la
« nourriture quotidienne à sa famille. Cette désertion des
« éléments vigoureux de la population, cette disparition
« des bras valides, est la perte de la culture ; on montre
« peu de goût à la Guyane pour le travail de la terre.
« Est-ce le souvenir abhorré des tâches imposées autre-
« fois à l'esclave ? Est-ce l'appât des salaires alléchants
« et de la vie accidentée et un peu sauvage de la mine
« d'or ? Pour nous, nous croyons surtout que l'instruction
« fait défaut, non pas seulement l'instruction qui consiste
« à savoir lire, écrire et compter, mais celle qui enseigne
« à l'homme l'ordre, l'économie, la prévoyance, l'instruc-
« tion morale qui nous apprend à mettre en réserve un
« morceau de pain pour les vieux jours, à aimer la terre,
« à préférer le gain régulier, lent, mais sûr, de la cul-
« ture, aux gages plus élevés, mais moins certains, des
« exploitations aurifères ; l'instruction agricole qui bannit
« la routine et ne procède que par le raisonnement et
« l'expérience.

« L'or a tué l'agriculture. Sans vouloir attribuer à la
« découverte de l'or une influence funeste sur le pays,
« reconnaissons que, si la Guyane produit de l'or, elle ne
« nourrit pas ses habitants. Dans la situation actuelle,
« il faut bien avouer que, si l'on retranchait l'or brus-
« quement, il ne resterait plus à Cayenne que des fonc-
« tionnaires et leurs fournisseurs. Tout le mouvement
« commercial actuel de la colonie n'est provoqué que par
« l'or. L'industrie minière est la seule qui, actuellement,
« emploie des bras. Pour nourrir, habiller ses ouvriers,

« approvisionner et entretenir ses chantiers, elle a, à
« Cayenne et ailleurs, de nombreux dépôts. La recherche
« de l'or, seule, attire encore ici quelques Européens qui
« bravent, dans la perspective d'une richesse promptement
« acquise, tous les dangers qu'on leur a fait entrevoir en
« Guyane.

« Mais l'or, par la concurrence du prix des salaires,
« contre lesquels l'exploitation agricole ne peut lutter,
« accapare tous les bras au détriment de l'agriculture.
« Les négociants, qui fournissent des vivres et du maté-
« riel pour les placers, retournent en France leur for-
« tune faite. Il en est de même des chercheurs d'or. La
« plupart s'en vont jouir, dans la métropole, de la fortune
« qu'ils ont acquise. Que reste-t-il pour la Guyane? Rien
« ou presque rien. Enfin, ces Européens transportés,
« sans transition, des pays tempérés sur le sol des forêts
« vierges de l'équateur, s'en retournent malades ou affai-
« blis par leur séjour dans un pays non assaini encore.
« Leurs récits ne sont pas faits pour encourager ceux qui
« pourraient venir en Guyane s'installer à demeure.

« Au point de vue moral, l'or a une influence considé-
« rable. Ces gains faciles, ces gages élevés détournent
« la population du travail des champs. La vie du placer
« n'est ni saine ni paisible, au physique comme au moral.
« Ces recherches fiévreuses, ce jeu hasardeux de
« l'homme qui peut gagner sa fortune ou perdre sa santé
« ne sont point faits pour lui donner le goût du travail
« calme et des plaisirs tranquilles des cultivateurs. Com-
« parons l'ouvrier des placers au laboureur de nos riches
« provinces: quelle différence dans l'existence! L'ouvrier
« des placers vient dépenser à la ville ses gages de six
« mois ou d'un an. Ce sont des orgies, un gaspillage
« inouï. Il s'en retourne alors à la mine, les mains
« vides, pour amasser l'argent nécessaire à des plaisirs
« coûteux qu'il n'aurait pas connus sans l'or. Les habi-

« tudes de dépense, les dettes, la ruine de la santé, rien
« pour les vieux jours, voilà la conséquence. »

Les sinistres prédictions de ce tableau poussé au noir
sur certains points, ne se sont heureusement pas réalisées
et, depuis cette époque, les événements se sont chargés
de ramener les appréciations à une mesure plus équitable.

Nous voyons cependant dix ans après l'époque où les
lignes que je viens de citer furent écrites, porter un juge-
ment tout aussi décourageant et d'ailleurs tout aussi
inexact sur la Guyane. L'autorité incontestable qui s'attache au nom de son auteur (*) me fait une obligation de
le citer textuellement.

« Accrue du Territoire Contesté qui la prolonge au Sud
« jusqu'à la bouche de l'Araguari, la Guyane Française
« égalerait en surface le territoire de la Guyane Britan-
« nique ; mais pour la population, l'industrie, le commerce,
« la vie politique et sociale, il n'y a point de comparai-
« son possible. De toutes les possessions d'outre-mer que
« la France s'attribue, nulle ne prospère moins que sa
« part des Guyanes ; on ne peut en raconter l'histoire
« sans humiliation. L'exemple de la Guyane est celui que
« l'on choisit d'ordinaire pour démontrer l'incapacité des
« Français en fait de colonisation, comme si jamais ce
« littoral avait été une colonie, dans le vrai sens du mot.
« Depuis que, au XVIe et au XVIIe siècle, des flibustiers
« français, errant sur la mer, établirent des ports de
« refuge et de course aux endroits favorables de la côte,
« jamais immigration vraiment spontanée ne se dirigea
« de France vers la Guyane. Tous ceux qui, pendant
« deux siècles et demi, débarquèrent sur ces rivages,
« entre le Maroni et l'Oyapock, y vinrent amenés comme
« fonctionnaires ou soldats, en troupeaux d'esclaves,

(*) Elisée RECLUS, *Nouvelle Géographie Universelle*, t. XIX, p. 72.
Paris, 1894.

« d'engagés, de colons officiels, ou même en chiourmes
« de transportés et de galériens. Jamais la colonisation
« libre n'a vivifié la contrée. Souvent les emplacements
« des villages étaient désignés d'avance par des admi-
« nistrateurs qui n'avaient jamais vu le pays. Des ordres
« inapplicables venus de Paris s'exécutaient au hasard.
« Aucun préparatif n'avait été fait sur le terrain pour
« accueillir les nouveaux venus : on les vit périr par mil-
« liers, sans abri, sans nourriture, campés au bord des
« criques marécageuses. Même ceux que le sort avait
« favorisés et qui avaient trouvé un gîte et des vivres
« finissaient par succomber : se sentant abandonnés du
« monde entier, ils mouraient faute d'avoir la volonté
« de vivre. »

*Influence réelle de l'industrie aurifère sur la situa-
tion de la Guyane Française.* — Loin d'avoir exercé une
influence néfaste sur le pays, la découverte de l'or a
sauvé la Guyane Française du désastre économique et
financier dans lequel sont tombées la Guadeloupe et la
Martinique, colonies voisines, dont le climat et les productions naturelles sont similaires à celui de la Guyane. Ces
malheureuses colonies, favorisées pourtant par une main-
d'œuvre indigène abondante, qui fait défaut à la Guyane,
mais dont la vie économique est basée uniquement sur les
produits agricoles du sol, traversent depuis quelques années
une crise profonde et ruineuse, dont on n'entrevoit pas la
solution et qui tient en majeure partie à ce que leur
unique ressource réside dans la culture de la canne, qui,
malgré primes et droits protecteurs, est définitivement
ruinée par la concurrence de la betterave.

Vouloir développer en ce moment toute autre industrie
que l'industrie aurifère en Guyane serait donc aller à
l'encontre de la force des choses et par conséquent à un
échec certain. Favoriser au contraire cette industrie en
lui fournissant des bras à un prix raisonnable et des

moyens de transport économiques est un puissant moyen de multiplier la population minière, population qui, par définition, consomme beaucoup et paie bien. On verra alors, sans effort et sans qu'il soit nécessaire de concours administratifs, par le libre jeu des intérêts personnels, se créer des producteurs locaux de bétail tout d'abord, pour lequel on est actuellement tributaire du Vénézuéla; d'autres cultures viendront ensuite.

Division de l'ouvrage. — Ces diverses considérations m'ont amené à diviser le sujet que je me propose de traiter, en trois chapitres principaux.

Dans le premier j'ai réuni, après un historique succinct, mes observations géologiques personnelles aux travaux, malheureusement très restreints, publiés sur le même sujet tant en France qu'à l'étranger, de manière à présenter une esquisse, bien incomplète encore, de la géologie générale des Guyanes, mais comportant cependant déjà certaines données précises. J'en ai déduit les indications pratiques qui permettent de déterminer, avec une exactitude assez grande, la disposition générale des zones aurifères, ainsi que l'ensemble des caractères auxquels on peut les reconnaître.

Un certain développement a été donné à l'examen des formations aurifères autres que les alluvions proprement dites, et notamment à l'étude d'une roche provenant de la décomposition des porphyrites, des diorites et des diabases, nommée *Roche à Ravets* dans le pays, dont j'ai fait le premier, à ma connaissance, une étude méthodique. Elle m'a conduit à en signaler l'importance industrielle, pouvant être mise immédiatement en œuvre, et à préciser les conditions dans lesquelles la recherche méthodique des parties exploitables de cette roche, doit être entreprise dans l'avenir.

Le Chapitre II est consacré à la description des exploitations aurifères actuelles. On y trouvera des indications sur la manière dont s'exécutent les recherches de placers et les difficultés spéciales qu'elles présentent. Deux ou trois monographies de placers, pris dans des conditions variées, fixent les idées sur les méthodes employées et sur les teneurs minima auxquelles on cesse de travailler avec profit, suivant les difficultés d'accès, les diverses zones aurifères. J'indique en passant, à titre de comparaison, les conditions toutes spéciales dans lesquelles on a exploité récemment, dans le Territoire Contesté Franco-Brésilien, un groupe de riches placers, qui a donné lieu, en son temps, à un véritable exode de tous les placériens valides de Cayenne, vers ces régions nouvelles.

J'ai réuni enfin dans la troisième partie du Rapport, en leur conservant le caractère d'instructions pratiques et par conséquent sous une forme simple, les indications que mes études sur place et l'expérience que j'en ai personnellement faite pendant mon séjour dans la colonie, m'ont suggérées en vue de l'amélioration des procédés actuels de recherche et d'exploitation.

J'indique notamment, avec exemples à l'appui, la manière d'opérer méthodiquement les recherches permettant de surveiller leur exécution et d'en contrôler sur place les résultats.

Je fais connaître aussi les avantages économiques à attendre de l'emploi de moyens mécaniques, du dragage en particulier, pour l'abatage et le lavage économique des alluvions aurifères.

En ce qui concerne les formations aurifères dans les terrains de formation secondaire, comme la Roche à Ravets, j'indique le procédé à suivre pour reconnaitre ces roches, pour les analyser rapidement sur place et finalement pour en opérer le traitement.

Après avoir ainsi tracé le programme des progrès techniques à accomplir sur les exploitations mêmes, je fais ressortir la nécessité urgente, primordiale, de la création d'une voie ferrée de pénétration permettant de gagner rapidement, depuis la côte marécageuse et malsaine, les zones aurifères plus saines de l'intérieur, amenant ainsi une transformation radicale dans les conditions de l'existence non seulement sur les placers, mais dans la colonie entière. J'indique, en étudiant les voies et moyens à employer pour atteindre ce but, les améliorations à introduire dans la législation minière et notamment dans le mode de perception du droit élevé dont l'or est frappé à sa sortie de la colonie, pour trouver dans ces dispositions les ressources nécessaires à la réalisation de cette œuvre d'utilité publique.

Tels sont les points que je me suis proposé de mettre en évidence dans le présent Rapport. Il m'est d'autant plus facile d'être affirmatif dans mes conclusions qu'elles sont conformes à l'évolution constante qui s est produite dans tous les pays à placers aurifères sans exception et que j'ai déjà décrite bien des fois à la suite de mes études sur les placers situés sous des latitudes et dans des conditions d'exploitation les plus variées. Il est inutile d'ajouter qu'il m'est particulièrement agréable d'avoir pu utiliser les connaissances que je puis posséder sur cette industrie spéciale des placers aurifères, pour mieux faire connaître et apprécier une de nos trop rares colonies possédant ce genre de richesses.

Je suis heureux que M. le Ministre de l'Instruction Publique, en m'honorant de la mission dont je rends compte ici, m'ait permis d'attirer, sur la Guyane Française, l'attention publique qui, pour diverses raisons, mais surtout par l'ignorance où elle a toujours été jusqu'ici des véritables conditions de l'exploitation aurifère dans ce pays, s'est, sans contredit, trop désintéressée de cette colonie et de son avenir.

Qu'il me soit permis, en terminant ce préambule, de remercier MM. les Gouverneurs de la Guyane Française et de la Guyane Hollandaise, M. le Directeur de l'Administration pénitentiaire à Cayenne, M. le Commandant Supérieur des Établissements pénitentiaires du Maroni et M. le Commissaire du Gouvernement Hollandais, à Albina, de leur concours empressé et efficace pour l'accomplissement de ma mission.

Je dois aussi faire mention de ma gratitude toute particulière pour M. Haton de la Goupillière, Directeur de l'École des Mines de Paris, et pour M. Ad. Carnot, Inspecteur de la même École, qui ont bien voulu m'autoriser, dès mon retour de la Guyane, à exécuter à l'École des Mines les travaux d'analyse chimique et de pétrographie que nécessitait ma mission. Ces études ont été faites dans le laboratoire mis obligeamment à ma disposition par M. Termier, professeur de minéralogie, qui m'a aussi assisté de ses conseils.

CHAPITRE I.

GÉOLOGIE GÉNÉRALE DE LA GUYANE.

Description orographique. — Lorsqu'après avoir fait
escale dans les nombreuses îles volcaniques et madrépo-
riques qui constituent la majeure partie des petites
Antilles, on arrive, au sortir du golfe de Paria, aux embouchures de l'Orénoque, on est vivement frappé par le
changement complet d'aspect de la côte. L'eau de la mer,
chargée de limon fin et de matières humiques, conserve,
même à une très grande distance du rivage, un aspect
laiteux, brunâtre, caractéristique. Les fonds diminuent,
la côte n'apparait plus à l'horizon, quand on la voit, que
comme une mince bande de végétation sombre. On sent
qu'on est entré dans une immense formation alluvionnaire
en cours de dépôt.

Ce spectacle monotone se continue sans changement
jusqu'aux embouchures de l'Amazone, englobant ainsi,
depuis le 6ᵉ degré de latitude Nord jusqu'à l'Équateur, la
totalité du territoire dit des Guyanes, qui se répartit au
point de vue politique entre quatre puissances, le Vénézuéla, l'Angleterre, la Hollande et la France, en suivant
l'ordre descendant du Nord au Sud.

Direction des côtes. — La côte, basse et marécageuse,
court d'abord dans la direction de l'Est et s'y maintient
jusqu'en face de l'embouchure du Maroni, limite Nord de
la Guyane Française. Elle s'infléchit alors dans la direction
du Sud-Est, puis plonge brusquement au Sud après avoir
dépassé l'embouchure de l'Oyapok.

L'ensemble des Guyanes présente, tant au point de vue

des climats qu'à ceux de la faune, de la flore et de la constitution géologique, une unité remarquable qui permet de les décrire toutes dans une monographie unique. Je vais, avant d'aborder l'étude géologique, donner quelques indications générales sur le climat et sur le régime des pluies, phénomènes qui jouent un rôle capital dans l'industrie que je me propose de décrire.

Climat. — Le caractère essentiel du climat des Guyanes est une chaleur régulière associée à l'humidité. C'est cette dernière qui rend, surtout dans les terres basses du littoral, l'acclimatement pénible aux Européens. Il y a, en effet, une différence très sensible, surtout en ce qui concerne les minima nocturnes, entre les températures de la zône littorale et celles des régions montagneuses de l'intérieur, malgré la faiblesse relative de la hauteur moyenne des montagnes au-dessus de la mer. L'altitude moyenne des régions à placers ne dépasse pas en effet 150 à 200 mètres.

A Cayenne, la température diurne oscille entre 26° et 30°, et on y observe rarement des minima nocturnes inférieurs à 20°. J'ai fréquemment constaté au contraire, au cours de mon voyage, qui s'est effectué pendant la saison chaude, des minima de 18° sur les placers. J'ai même observé, une seule fois, je dois le dire, 16°,5 sur le haut Awa.

L'état hygrométrique de l'air est constamment très voisin du point de saturation.

Saisons. — A l'inverse du climat des Antilles où on connaît deux saisons sèches et deux saisons de pluies, soit, au total, quatre changements annuels, la Guyane n'en connaît que deux : l'*hivernage* ou saison des pluies qui dure en général huit mois, de Novembre à fin Juin ; la *saison sèche* qui commence en Juillet et finit en Octobre. Les périodes de transition entre ces deux époques ne durent que peu de jours.

Cette règle n'est d'ailleurs pas absolue. On se rappelle les hivernages de 1876 à 1877 et de 1884 à 1885, au cours desquels les pluies ont fait presque totalement défaut. Par contre, la saison sèche de 1897, que j'ai passée en entier sur les lieux, a été exceptionnellement pluvieuse. D'après mes observations, il n'y a eu, pendant toute cette période, que vingt-huit jours sans pluie.

Pluies. — La vapeur d'eau amenée par les alizés qui soufflent constamment sur la Guyane, se condense en quantités véritablement colossales. La moyenne annuelle des pluies à Cayenne est de 3 mètres au moins. Il en résulte pour les rivières un régime très variable. Démesurément grossies pendant la saison des pluies, elles laissent à découvert, pendant la saison sèche, la majeure partie de leur lit encombré de bancs de sable, ainsi que les marais qui les bordent.

Régime des vents. — Les vents du Nord-Est règnent surtout en Janvier. Ils continuent à se faire sentir de plus en plus rares jusqu'en Juin et sont remplacés par les vents d'Est qui sont caractéristiques de la saison sèche.

Les vents du Sud, d'Ouest et de Nord-Ouest sont complètement inconnus.

Marées. — Les raz de marée sont assez fréquents, mais peu dangereux. La hauteur moyenne de la marée est de $2^m,67$. A Cayenne, la mer marne aux marées de sizygies de $3^m,17$.

Orographie générale. — Les Guyanes sont arrosées par un assez grand nombre de fleuves, d'importance plutôt médiocre, coulant du Sud au Nord, dont les plus importants sont : l'Esséquibo dans la Guyane Anglaise ; le Paramaca et le Surinam dans la Guyane Hollandaise ; le Maroni et l'Oyapok dans la Guyane Française ; l'Araguari dans le Contesté Franco-Brésilien.

Tous ces fleuves, coupés de nombreux rapides, prennent naissance dans la zone montagneuse de l'intérieur, tarversent ensuite la région des Savanes plus ou moins noyées qui s'étendent en-deçà des terres basses du littoral et se jettent enfin à la mer en formant, dans les marécages de la côte, un réseau compliqué d'arroyos permettant fréquemment à des embarcations d'un certain tonnage d'emprunter ces voies littorales, pour passer du bassin d'une rivière dans un autre. Les Anglais et les Hollandais ont fréquemment amélioré ces moyens naturels de communication et c'est un arroyo de ce genre, nommé : Le Tour de l'Ile, qui permet d'aller de Cayenne au bassin de la Comté sans passer par la mer.

Géologie générale. — Cette uniformité du régime des fleuves tient à une cause géologique qu'il est facile de mettre en évidence. Tandis que les grands fleuves du continent Sud-Américain navigables par des steamers de haute mer sur des longueurs considérables, comme l'Amazone, l'Orénoque, la Plata, drainent des terrains secondaires et tertiaires, ceux qui arrosent la Guyane coulent uniquement sur des terrains cristallins ou primitifs.

L'ensemble de cette formation, ainsi que la direction générale des ridements dont elle a été l'objet est, *grosso modo*, dirigée de l'Est à l'Ouest. Il suit de là que les fleuves ont dû, pour se créer une issue vers la mer, se frayer passage par des cluses étroites, pratiquées à travers les barrages successifs de roches dures, en formant tout d'abord une série de lacs qui ont maintenant disparu et qui sont remplacés par des rapides généralement d'assez faible hauteur. Tel est l'état actuel du système hydrographique des Guyanes : c'est une région très anciennement émergée, profondément usée et rabotée par les agents d'érosion, mais qui n'a cependant pas encore atteint son profil d'équilibre.

Historique. — Cette constitution spéciale du sol, l'abondance des roches cristallines et du quartz, avait frappé depuis longtemps les anciens explorateurs des Guyanes. On doit citer, en première ligne, comme observateur sagace, ayant écrit, dès le siècle dernier, un intéressant ouvrage sur le sujet, le Chevalier Le Blond (*).

Travaux du Chevalier Le Blond. — Cet explorateur avait. dès son premier voyage, reconnu, avec une très grande exactitude, la caractéristique de la formation géologique des Guyanes.

« Les *Granits*, dit-il (page 61), *forment les grands « massifs des chaînes de montagnes.* Ceux qui font « mouvoir le barreau aimanté sont moins durs et se « décomposent à l'air et à la pluie à cause du fer qu'ils « contiennent. Tous ces granits se retrouvent fréquem- « ment aux sauts des rivières, principalement dans le « Sinnamary, le Couriège et l'Oyapok. Ils ne contiennent « pas de veines métallifères.

« *Gneiss.* — Ils occupent principalement les sauts de « la rivière Sinnamary, du Couriège et de l'Oyapok. Ils « sont plus rares dans les autres rivières.

« Les veines et les feuillets que l'on remarque dans ces « roches annoncent des métaux minéralisés de toutes les « sortes, *même les plus précieux.* »

On voit que Le Blond, bien qu'il n'ait pas précisément reconnu l'existence de l'or dans les Guyanes, l'avait tout

---

(*) Le Blond (J.-B), né à Toulongeon, près d'Autun, en 1747 ; reçut, à la suite d'un premier voyage aux Antilles, dans la Cordillière et au Pérou, le brevet de médecin naturaliste du Roi (1786) ; envoyé en Guyane française pour y chercher le quinquina, fut un des plus ardents promoteurs de la culture des épices, qui a été pendant longtemps la base de la prospérité guyanaise ; mort à Guzy (Nièvre), le 14 Août 1815.

Le Blond a laissé plusieurs ouvrages : notamment : 1806, *Essai sur la fièvre jaune et les Maladies des Tropiques ;* 1813, premier volume de son *Voyage aux Antilles et dans l'Amérique méridionale ;* 1814, *Description de la Guyane Française.* Ces divers ouvrages sont devenus rares. Il a été fait du dernier une deuxième édition en 1824. C'est d'elle que j'ai extrait les citations de mon texte.

En reconnaissance des services rendus, le Roi avait octroyé à Le Blond une pension de 3.000 francs à son retour de la Guyane.

au moins pressentie. Il avait, par contre, immédiatement constaté la stérilité du granite fondamental, la richesse des roches feuilletées et l'importance des zones de contact. Le Blond avait ainsi, en quelques lignes, établi le fondement réel de la théorie que j'expose plus loin. Nous verrons, en effet, que ce sont précisément les contacts entre gneiss et granites que caractérisent les zones aurifères.

Il est intéressant de constater aussi l'importance que Le Blond accorde aux éruptions de diorite en ces termes :

« *Grünsteins* ou *pierres vertes*, nommées *grisons* dans « le pays ; ils se trouvent partout et forment des sauts « en plusieurs endroits des rivières. La rivière Samacou « qui tombe dans l'Oyapok est parsemée de ces rochers « dont la cassure présente des lamelles chatoyantes « comme le feldspath. *Les grisons se décomposent très* « *promptement à l'air en une terre rouge ocreuse*, à « cause de la grande quantité de fer attirable qu'ils con- « tiennent ; ils sont traversés de weisstein ou de feldspath « blanc ou d'une pierre aussi transparente que le cristal.

« *Nota*. — Le genre calcaire pur ou mélangé n'existe « pas dans la Guyane Française. On tire des Antilles la « roche à chaux pour bâtir. Il n'y a pas non plus de « charbon de terre.

« *Mine de fer limoneuse* provenant des vases où « abonde le fer ; on la nomme dans le pays *Roche à* « *Ravets*, parce que cet insecte (*) se loge dans ses cel-

---

(*) Ravet ou ravette, nom créole du cafard, insecte qui infeste toutes les habitations en Guyane.

> Douvant poule *ravett* pas ni
> Raison. Provèbe là bien voué
> Li voué ladans caze béké,
> Li voué dans caze neg aussi.

Proverbe créole : Devant les poules, les ravets ont le dessous. — Ce proverbe est bien vrai. — Il est vrai dans la case du blanc. — Il est vrai aussi dans la case du nègre. (La raison du plus fort est toujours la meilleure.)

« lules pareilles à celles d'une éponge. Cette mine forme
« un banc plus ou moins épais dans les plaines et sur les
« montagnes de l'île de Cayenne et aux environs sur la
« terre ferme dans la paroisse de Roura et les montagnes
« de la Gabrielle.

« De toutes les substances comprises dans le tableau ci-
« dessus, celles qui doivent le plus intéresser les minéra-
« logistes sont les mines de fer, qui abondent dans la
« Guyane Française plus qu'en aucune autre contrée du
« globe. La mine limoneuse mérite entre autres de fixer,
« par sa richesse, l'attention du Gouvernement.

« Ce dernier avait formé, en 1787, le projet d'établir
« en Guyane des forges, à l'effet d'y établir tous les
« outils de fer pour nos colonies d'Amérique ; on en aurait
« même importé en France la quantité que nous tirons
« de l'étranger. Il ne faudrait qu'y attacher quelques
« maîtres mineurs et un nombre suffisant de noirs pour
« satisfaire aux besoins du Gouvernement et même aux
« demandes du commerce en multipliant les usines à rai-
« son des exportations. »

J'ai tenu à citer les principaux passages de ce curieux
mémoire dans lequel sont indiqués clairement et exactement les traits principaux de la géologie du pays. Granite
fondamental à la base, gneiss et roches feuilletées au
dessus ; enrichissement des zones de contact en matières
minérales ; nombreuses intrusions dioritiques dans cet
ensemble ; absence totale de calcaires et de terrains
secondaires et tertiaires ; enfin décomposition rapide des
roches dioritiques transformées en limonite (*Mines* de fer
limoneuses, au sens ancien du mot). Tel est l'ensemble des
idées que se faisait, dès 1789, l'observateur perspicace
auquel j'ai cru devoir rendre hommage en débutant. Il
est d'autant plus étonnant que Le Blond n'ait pas reconnu
la présence de l'or qu'il avait certainement procédé au
lavage du sable de certaines rivières notoirement auri-

fères comme celle de Sinnamary, de Couriège et de la
Mana dans lesquelles il signale « la présence du rubis,
« du zircon, de l'améthyste, du grenat, du titane ferru-
« gineux, de la manakanite (?) et autres substances
« minérales qui se trouvent dans le sable des rivières. »

Depuis l'ouvrage du Chevalier Le Blond, il a été publié
sur les Guyanes un assez petit nombre de travaux, dont
on trouvera la bibliographie à la fin de ce travail. La
plupart d'entre eux se bornent à présenter la monographie
de tel ou tel groupe de placers ou à critiquer les méthodes
locales, sans chercher à relier l'ensemble des connaissances ainsi acquises sous forme d'une synthèse qui les
embrasse toutes.

Carte des zones aurifères. — Le seul effort qui ait été
fait dans ce sens est l'établissement d'une carte d'ensemble de la Guyane Française, dite carte à zones, qui a
été publiée en 1878 par les soins du Bureau du Cadastre
de Cayenne.

On y a tracé deux grandes bandes, grossièrement parallèles à la côte, à une distance moyenne de 60 à 80 kilomètres pour la première et de 120 à 150 kilomètres pour
la seconde. Celle-ci, la plus éloignée de la mer par conséquent, nommée zone aurifère gneissique ; celle-là, zone
aurifère schisteuse. Ce travail, qui n'est d'ailleurs accompagné d'aucune explication ni d'aucune coupe géologique,
ne repose, en réalité, sur aucune base scientifique. Il
suffit, d'ailleurs, pour s'en convaincre, de jeter un coup
d'œil sur la carte d'ensemble des concessions aurifères
de la Guyane Française en 1897, que j'ai reproduite à la
Planche I. On voit tout de suite, à la simple inspection
de la disposition des placers, qu'ils n'obéissent pas à la
loi des zones parallèles au rivage proprement dite. Le
seul point à retenir c'est que les placers doivent évidemment se répartir suivant des lignes parallèles aux plissements généraux du pays, c'est-à-dire approximativement

Est-Ouest, mais leur disposition le long de ces lignes dépend d'un ordre de phénomènes que nous établirons plus loin, qui ne consiste nullement dans un simple fait d'alignement plus ou moins rectiligne.

De la formation aurifère. — Il est tout d'abord facile de reconnaitre que la formation aurifère de la Guyane appartient au type classique des gîtes aurifères inter-stratifiés dans les roches gneissiques ou schisteuses, ou dépendant du contact de ces roches avec le granite fon-damental. Je rappelle en quelques mots les caractéristiques de ces genres de gisement sur lesquels je me suis plus longuement étendu dans un précédent ouvrage.

Gisements symétriques et rayonnants. — Lorsque dans une région déterminée, suffisamment vaste pour que les phénomènes d'enrichissement ne puissent pas être le résultat d'un accident local, on constate que les placers sont formés par l'érosion de gneiss et de micaschistes reposant sur le granite; que notamment les placers ne dépendent pas de la destruction locale d'un ou plusieurs filons visibles, mais qu'ils sont placés suivant une disposi-tion *rayonnante*; enfin quand on a pu constater l'existence de placers *à cheval*, c'est-à-dire quand à un placer riche situé sur un versant, correspond un placer de même genre sur le versant immédiatement opposé, on peut être assuré que leur existence ne dépend pas de la destruction lente d'une venue filonienne proprement dite, mais que leur ori-gine doit être cherchée dans le terrain même qui les contient.

« On doit aussi tenir compte des modifications profondes
« qui se sont produites dans ces dernières années dans les
« idées, relativement au mode de formation des gisements
« aurifères et sur l'origine de l'or qu'ils contiennent.
« Tandis que la théorie purement éruptive, classique,
« basée sur les régions à filons de quartz aurifère, si bien

« connues, de la Californie, de la Transylvanie et des
« autres pays relativement anciens, pouvait rendre un
« compte satisfaisant des faits qu'on y observe, il a été
« reconnu dès le début des exploitations aurifères de la
« Nouvelle-Zélande, de l'Australie centrale et occidentale
« et du Transvaal, qu'on se trouvait en présence de faits
« que la simple théorie des émanations éruptives par filons
« distincts était incapable d'expliquer ; qu'elle ne répon-
« dait pas, pour ces régions, à l'état des lieux et aux
« observations les plus simples. Les beaux travaux main-
« tenant classiques de M. T.-A. Richard sur la formation
« aurifère de la région de Bendigo (Australie), ceux de
« M. de Lapparent et de M. de Launay, en France, de
« M. Brögger, en Norwège, ont désormais introduit une
« notion nouvelle dans l'origine des gisements aurifères,
« c'est non seulement la possibilité, mais bien la certitude
« que leur formation est due à d'autres causes qu'à la
« présence de filons aurifères proprement dits, par suite
« de l'existence bien constatée de *couches interstratifiées*
« de terrains aurifères, *en corrélation avec la formation*
« *infragranitique*. De ce simple fait dérivent aussitôt des
« résultats de la plus grande importance. Les études
« stratigraphiques, qui, dans le cas de l'existence des
« filons, se réduisent à l'examen local de l'allure de ces
« filons et des accidents qu'ils peuvent présenter, failles,
« rejets, etc., prennent au contraire une place prépon-
« dérante lorsqu'on est arrivé à reconnaitre la loca-
« lisation de l'or dans des couches interstratifiées. De
« la connaissance, en effet, du nombre, de l'allure et de la
« richesse de ces couches dépend la direction à donner
« immédiatement aux recherches de placers ainsi que
« l'appréciation plus ou moins favorable qu'on peut *a priori*
« porter sur telle ou telle région de la contrée. Ces
« notions, une fois qu'elles ont été acquises au public
« par les études des hommes spéciaux, ont une impor-

« tance pratique si considérable qu'elles deviennent
« aussitôt populaires et qu'il n'est personne à Bendigo qui
« ignore les caractères distinctifs qui distinguent une
« bonne « selle » (Saddle), partie riche d'un synclinal,
« d'une mauvaise; personne non plus au Transvaal qui ne
« sache l'importance qui s'attache à suivre l'allure sou-
« vent si capricieuse des couches de poudingue auri-
« fère interstratifié aussi bien en profondeur (Deep Lead)
« qu'en direction (Main Reef) (*). »

Conséquences de ce mode de gisement. — On peut
prévoir aussitôt les conséquences du mode général de
gisement que je viens d'indiquer. Tout d'abord, les gites
aurifères se répartissant sur les zones de contact, entre
granite fondamental et roches gneissiques, il est évident
qu'à tout pointement, qu'à tout alignement granitique
correspondent deux zones aurifères *disposées symétriquement par rapport au granite.* On voit que la notion primitive des deux zones aurifères de la Guyane se trouve
remplacée par la conception, plus exacte et plus conforme
aux faits, de zones de contact entre granite et gneiss qui
peuvent bien, en thèse générale, suivre la direction d'ensemble des alignements granitiques, mais qui, comme on
le comprend aisément, peuvent présenter les formes les
plus diverses en suivant les changements de direction des
lignes de contact.

Il suit de là que la recherche des placers doit s'exercer
non pas uniquement en suivant les alignements généraux des plissements montagneux du pays, mais plutôt
en s'attachant à suivre les lignes de contact du granite
ou des roches schisteuses ou gneissiques.

Relation entre les rapides des rivières et les zones auri-

(*) *L'Or en Sibérie Orientale,* par E.-D. LEVAT, Ancien élève de l'Ecole
Polytechnique, Ingénieur civil des Mines, 2 volumes. Ed. Rouveyre,
éditeur, Paris, 1897.

fères. — Il n'est pas indifférent de faire remarquer à ce propos que le cours même des rivières donne, au point de vue de la recherche de ces zones de contact, des indications précieuses.

Les fleuves et cours d'eau de la Guyane sont, comme je l'ai déjà expliqué, soumis au régime des rivières qui n'ont pas encore atteint leur profil d'équilibre. Elles sont formées d'une série de rapides réunis par des parties calmes dans lesquelles le courant est faible ou presque nul. Or ces dernières parties correspondent à des terrains qui, comme les gneiss et les micaschistes, roches relativement tendres, se sont prêtés à une usure plus rapide par les eaux, tandis que les rapides sont presque toujours granitiques ou dioritiques. Il s'ensuit que les recherches doivent, de préférence, être pratiquées *en partant des parties calmes des rivières* et non des parties formant sauts ou rapides.

Cette vue théorique est pleinement confirmée par les usages des vieux mineurs locaux qui établissent toujours leurs *dégrads* sur les parties calmes des rivières et non dans les sauts.

On appelle *dégrads* les débarcadères et les magasins d'approvisionnements placés sur les rivières, en communication d'une part, avec les placers de l'intérieur et d'autre part, par canots, avec les bases d'approvisionnement. On en verra plusieurs exemples au cours des descriptions qui vont suivre.

Stérilité des zones granitiques. — Un autre résultat fort important du mode de formation que je viens de décrire est la stérilité, au point de vue de leur richesse en placers, des *zones granitiques franches*. Il est évident, en effet, que les érosions du granite proprement dit n'ont pas pu produire des enrichissements comparables à la démolition des zones de contact dans lesquelles la venue de l'or s'est précisément concentrée.

Il y a lieu néanmoins de bien distinguer les cas; car on comprend que beaucoup de pointements granitiques actuels n'apparaissent au jour que par suite de la dénudation des couches qui les surmontaient primitivement, couches qui ont parfaitement pu être aurifères, et, dans ce cas, les résidus de leur érosion, restant sur un bed-rock de granite pur, peuvent évidemment donner naissance à des placers industriellement exploitables.

Il est d'ailleurs facile de reconnaitre par la nature même des alluvions dans quel cas on se trouve. Les placers formés par la destruction de roches exclusivement granitiques sont, on le comprend, beaucoup moins argileux que ceux qui contiennent les résidus de la décomposition des schistes. C'est, en effet, un phénomène connu de tous les mineurs que les zones contenant presque exclusivement des sables granitiques en surface, formées, par conséquent, d'une manière indubitable par la décomposition du granite, sont absolument stériles.

Zone stérile granitique du Tapanahoni. — Il a été fait récemment en Guyane Hollandaise, sur les bords du Tapanahoni, importante rivière dont le confluent avec l'Awa forme le Maroni, une expédition fort coûteuse dont l'insuccès complet a été uniquement dû à la non-observation de cette règle. Cette grande rivière a, en effet, la presque totalité de son bassin dans des terrains granitiques. C'est sur les lignes de contact Sud et Nord de cette même formation granitique du Tapanahoni que se trouvent les riches placers situés sur la rive hollandaise et dont le groupe le plus important, celui de l'Awa, au Sud, est décrit plus loin avec quelques détails.

De l'enrichissement des zones aurifères. — Les indications générales que je viens d'établir permettent déjà de limiter beaucoup les surfaces sur lesquelles peuvent s'exercer fructueusement les recherches de placers, et par cela même facilite beaucoup ces dernières; mais on peut aller encore plus loin et déterminer dans ces zones les parties qui présentent le plus de probabilités d'un enrichissement maximum.

Des roches éruptives qui accompagnent l'or. — Dans tous les pays présentant les caractères généraux d'enrichissement par zones de contact entre granite et roches feuilletées, on constate que la venue de l'or est accompagnée constamment de roches éruptives dont le caractère varie beaucoup d'un pays à un autre, mais qui ont comme résultat constant d'accompagner l'or dans ses gisements, tant primitifs que secondaires. En d'autres termes, on constate toujours soit dans le voisinage des placers, soit dans le voisinage des filons, couches ou amas aurifères, la présence d'une roche éruptive différente du granite, ou pour mieux dire dérivant de ce dernier par des modifications cristallines ou chimiques.

Généralités sur ces roches caractéristiques. — L'attention des géologues a déjà été attirée depuis longtemps sur cette corrélation constante qui se présente dans les pays aurifères entre certaines roches éruptives et la venue de l'or. Les travaux sur ce sujet sont, on peut le dire, extrêmement nombreux, et ils se sont multipliés d'autant plus dans ces dernières années que les tendances actuelles de la géologie sont essentiellement différentes de ce qu'on enseignait il y a seulement vingt ans. On admet plutôt aujourd'hui que le passage d'une roche éruptive cristallisée, comme le granite fondamental, par exemple, à d'autres roches éruptives parfois très différentes comme caractère pétrographique, telles que granulites, aplites, porphyrites, diorites, diabases, a dû se faire plutôt par des *modifications physiques et chimiques* provenant des conditions qui ont présidé à leur formation même, plutôt que par des changements brusques dans leurs émissions successives. On a donné, à juste titre suivant nous, leur véritable signification et leur véritable importance aux phénomènes de métamorphisme, de ségrégation, des matières minérales au sein même des roches les contenant, à tous les phénomènes en un mot qu'on se contentait d'expliquer autrefois par une série de venues éruptives tantôt acides, tantôt basiques, suivant les besoins de la cause et en nombre suffisant pour expliquer les conditions du gisement d'une roche ou d'un minerai déterminé. On se payait de mots, sans s'attacher à l'examen impartial des faits.

Les diorites ou roches vertes de la Guyane. — En Guyane, ce rôle spécial a été joué par des diorites et des diabases qui forment dans le pays une infinité de dykes qui se sont épanchés sur le sol et qui forment généralement les hauteurs qui dominent le pays.

Sans entrer ici dans les détails de l'étude pétrographique de ces roches, ce qui allongerait inutilement cette partie de l'ouvrage, je me bornerai à dire que les diorites de Guyane, généralement bien cristallisées avec larges cristaux de labradorite, sont ordinairement de couleur vert foncé et contiennent presque constamment une abondante proportion de pyrites de fer. Certains échantillons de la collection que j'ai rapportée, et qui est déposée à l'Ecole des Mines (*), en contiennent jusqu'à 5 p. 100 de leur poids.

L'amphibole est généralement prédominante et même, en certains points, comme dans la ville de Cayenne même, où elle forme, sous le nom de *grison*, la colline qui porte le sémaphore, la roche passe à l'état d'une véritable amphibolite (Échantillon n° 36).

L'aire de ces roches dioritiques embrasse une surface considérable, non seulement dans la Guyane Française et dans la Guyane Hollandaise, où je les ai personnelle-

----

(*) Échantillons n° 21 à 29.

ment reconnues et étudiées sur un grand nombre de points, mais elles paraissent avoir affecté aussi la Guyane Anglaise et une partie du Vénézuéla. On les signale aussi dans la formation aurifère du Contesté Franco-Brésilien, ainsi qu'on le verra sur la coupe géologique de cette région, qui est donnée plus loin.

Sur toute cette vaste étendue, les diorites sont constamment associées à la venue des roches aurifères. On comprend par conséquent, sans qu'il soit besoin d'insister davantage, que le maximum d'enrichissement s'obtiendra lorsque les zones de contact entre granite et roches feuilletées, dans lesquelles nous avons déjà localisé le phénomène, seront recoupées par des diorites ou des diabases. Ce sont ces conditions en effet qui sont effectivement remplies par les placers, qui, comme Saint-Élie, Dieu-Merci, Élisée, Pas-Trop-Tôt, le groupe de l'Awa, etc., ont donné lieu à des travaux d'exploitation suffisamment développés pour permettre, malgré l'empêchement causé par la végétation, de se rendre compte, au moins approximativement, de leur formation géologique.

Il convient de remarquer à ce propos que, pour les groupes de placers que nous venons de citer et tout spécialement pour le groupe de Saint-Élie dans le bassin du Sinnamary, on peut mettre en évidence le phénomène de la *disposition rayonnante des placers*, que j'ai eu maintes fois l'occasion de vérifier sur d'autres points du globe et qu'il importe de rappeler ici.

De la disposition rayonnante des placers. — Lorsque, après avoir constaté la corrélation étroite qui existe entre la formation aurifère et une roche éruptive déterminée dans un pays à placers, on rencontre une venue importante de ladite roche, ayant donné naissance à des placers fameux, on constate que ces placers, loin d'être disposés *parallèlement* sur les versants opposés des montagnes, affectent au contraire une disposition *rayonnante* autour d'un point déterminé de l'émission de roches éruptives aurifères. C'est la « Montagne d'or, » le « Trésor sans cesse renouvelé », dont il existe toujours un exemple plus ou moins légendaire dans les pays à placers.

La Guyane ne fait pas exception à la règle, et je reproduis, à titre d'indication intéressante à ce sujet, la carte des placers appartenant au groupe de Saint-Élie, qui offre, au point de vue que je viens d'indiquer en dernier lieu, un exemple frappant de dispositions rayonnantes (Planche II, *fig.* 1).

Règles générales relatives à la formation des placers aurifères en Guyane. — En définitive, on peut baser la recherche des placers dans les Guyanes sur les trois ordres de faits suivants :

I. — Les placers se répartissent sur les lignes de contact entre le granite et les roches schisteuses micacées ou gneissiques.

Ces zones se traduisent sur les rivières par les parties calmes de leur cours; c'est dans ces parties qu'il convient d'établir le dégrad.

II. — Sur ces lignes de contact. le maximum d'enrichissement se rencontre dans le voisinage des pointements de diorite ou de diabase.

III. — Quand on a trouvé un placer donnant une teneur payante, prospecter immédiatement non seulement la rivière *coulant en sens inverse*, qui prend sa source dans le même massif que le cours d'eau prospecté, mais aussi *toutes celles qui sortent du même massif*. Appliquer, en un mot, la formule de la disposition rayonnante des placers.

Roche à Ravets. — Les roches dioritiques dont nous venons de donner une rapide description ont donné naissance, grâce à la facilité avec laquelle elles se décomposent, à la formation d'un vaste dépôt de roches ferrugineuses ayant l'aspect de la limonite ordinaire, qui recouvre d'un grand manteau superficiel, presque continu, les gneiss et les micaschistes sur lesquels il repose en stratification discordante.

La richesse en fer des diorites, tant à l'état combiné qu'à l'état de pyrite de fer, dont elles contiennent souvent de fortes proportions, a produit, par la démolition lente de ces roches, une accumulation par voie humide, de dépôts ferrugineux au pied des pointements éruptifs. En un mot elle a formé la Roche à Ravets.

Composition de la Roche à Ravets. — L'aspect caractéristique de cette roche et son extrême fréquence dans tout le pays, font qu'elle a été signalée par tous les auteurs qui se sont occupé de la géologie guyanaise, Le Blond compris ; mais personne n'avait eu jusqu'ici l'idée, en examinant son mode réel de formation, de se rendre compte de sa composition exacte et notamment de sa teneur en métaux précieux.

Il est évident, en effet, que si l'origine de l'or se trouve dans les roches dioritiques, les roches secondaires auxquelles leur décomposition a donné naissance, doivent évidemment contenir, au moins en partie, le métal précieux réparti initialement dans la roche éruptive.

Les érosions qui ont produit les placers actuels de la Guyane, sont postérieures à la formation de ces limonites. C'est un fait qu'on constate immédiatement à la simple inspection d'un placer quelconque dans la Colonie. Il était donc naturel de penser que la démolition de la Roche à Ravets, dont on trouve fréquemment des morceaux dans l'alluvion aurifère elle-même, constitue au moins en partie, la matière première dont les agents d'érosion ont extrait par leur travail séculaire, le métal précieux qui enrichit les placers.

Il s'agissait donc de prouver :

1° Que la diorite guyanaise, au moins en certains points, était aurifère ;

2° Que la Roche à Ravets est un produit de décomposition secondaire de cette diorite, et enfin,

3° Qu'on trouve dans cette Roche à Ravets une partie au moins du métal précieux contenu dans la roche initiale.

J'ai été assez heureux pour voir se confirmer mes prévisions et mes premières études faites sur le terrain, par les résultats que j'ai obtenus au laboratoire de l'École des Mines sur les échantillons de roches par moi rapportés, ou qui m'ont été envoyés de Guyane depuis mon retour.

I. — Teneur en or de la diorite. — Cette teneur ne dépend pas uniquement de la présence de la pyrite de fer dans la roche dioritique. J'ai rapporté, en effet, des échantillons de diorite ne présentant pas de traces de décomposition ultérieure, contenant des grains d'or visibles à l'œil nu, donnant, par l'examen microscopique en plaques minces, les caractères bien nets de cette roche, et dans laquelle par conséquent on ne peut considérer la présence de l'or libre comme la résultante de l'oxydation *in situ* de la pyrite de fer.

Néanmoins, en règle générale, les échantillons de diorite que j'ai analysés au point de vue de leur teneur en métaux précieux m'ont généralement donné une proportion d'or et d'argent à peu près proportionnelle à la teneur en pyrites.

TABLEAU DONNANT LA TENEUR EN PYRITE DE FER ET EN MÉTAUX PRÉCIEUX
DE CERTAINES DIORITES DE LA GUYANE.

NUMÉRO D'ORDRE	NATURE ET ORIGINE DES ÉCHANTILLONS	TENEUR EN		
		FeS^2 p. 100	Or par 1000 kilog. (grammes)	Argent par 1000 kilog. (grammes)
1	Diorite franche crique Roche (Awa).....	5.20	2.00	6.00
2	— de la crique Pichevin (id)........	4.10	1.50	2.00
3	— aurifère de Maripa (or visible) ...	0.50	24.00	4.00
4	Grison, colline du Sémaphore à Cayenne.	1.40	»	2.00

On voit que, sauf dans l'échantillon exceptionnel (n° 3)
avec or visible, la teneur en or de ces roches, sans être
élevée, est déjà très appréciable, étant donné surtout les
cubes disponibles qui se présentent aux affleurements.
Voyons maintenant comment se sont répartis ces métaux
précieux dans la roche de formation secondaire.

II. — **Étude de la Roche à Ravets.** — Le caractère véritable de cette roche de formation secondaire et ses rap-
ports avec la roche dioritique qui lui a donné naissance
n'ont pas été reconnus par mes prédécesseurs d'une manière
claire. Plusieurs d'entre eux l'ont tout d'abord confondue
avec les conglomérats ferrugineux, qui se présentent fréquemment dans le pays et avec lesquels une similitude
complète de couleur permet en effet de faire confusion,
quand on se borne à un examen superficiel. Il suffit, d'ailleurs, d'examiner un instant un de ces conglomérats ferrugineux pour y constater la présence de nombreux
cailloux arrondis et volumineux de quartz, qui font au
contraire complètement défaut dans la Roche à Ravets
proprement dite. La cassure de cette roche présente
l'aspect caractéristique des minerais de fer déposés par
voie humide, à savoir une masse spongieuse d'oxyde de

fer hydraté, dont les interstices sont remplis d'une ocre généralement de couleur claire, sans aucune intrusion de cailloux roulés. Mais, même en dehors de ces caractères lithologiques, les modes de gisement de la Roche à Ravets et des conglomérats sont tellement différents que leur confusion est absolument impossible pour tout œil un peu exercé.

Les conglomérats ferrugineux forment des niveaux réguliers et horizontaux sur le flanc ou dans le fond des vallées actuelles, tandis que la Roche à Ravets, qui constitue la plupart du temps le revêtement superficiel des collines et des montagnes dans lesquelles se sont creusées les vallées, ne forme pas de niveaux horizontaux et se présente à des altitudes très variables, ce qui indique clairement que son dépôt n'est pas dû à un phénomène alluvionnaire purement mécanique, par classement dans un courant d'eau.

Les coupes en travers du placer Maripa que je donne à la Planche VI, *fig.* 3 à 8, sont tout à fait caractéristiques à ce point de vue. On y constate la présence d'un conglomérat ferrugineux, dont il reste çà et là des lambeaux très apparents au-dessus du niveau actuel de la vallée. Ce conglomérat repose directement, en discordance, sur la Roche à Ravets dans le haut dudit placer et sur les micaschistes primitifs dans le bas de ce même placer, la Roche à Ravets ne s'étant pas étendue jusque-là.

Ces conglomérats ferrugineux sont de formation récente. Beaucoup de placers actuellement exploités ne sont autre chose que le produit de leur remaniement par les cours d'eau actuels. Ils sont eux-mêmes fréquemment exploités, lorsque leur dureté n'est pas trop grande et qu'ils peuvent se déliter par simple concassage au marteau avant leur passage au sluice.

Historique. — Un des premiers auteurs qui ait entrevu le mode réel de formation de la Roche à Ravets est

M. Barveaux, ingénieur de la Cie de l'Approuague, qui s'exprimait ainsi, en 1873, à ce sujet (*) :

« Le sol de la Guyane se compose, à la surface, d'une
« couche de terre végétale très argileuse reposant sur
« une *roche d'agrégation* plus ou moins décomposée.
« Cette roche, formée de conglomérats feldspathiques et
« quartzeux, liés à des rognons ferrugineux par l'argile
« provenant de la décomposition du feldspath, *repose sur*
« *une roche dioritique qui paraît être celle de fond.*

« La roche d'agrégation contient en quantité notable
« des gemmes dont la composition est :

D'APRÈS M. RIVOT.

Fer oligiste.	Fer titané.	Tourmaline.
Grenats.	Tantalate de fer.	Cymophane.
Zircon.	Fer oxydulé.	Staurotide.
Or.	Platine.	Argent.

D'APRÈS M. DAMOUR.

Fer titané.	Grenats.	Rutile.
Fer oxydulé.	Tourmaline.	Zircon.
Fer chromé.	Platine.	Argent.
Fer hydraté.	Staurotide.	Cuivre.

« La terre végétale provient de la décomposition du
« feldspath de la roche d'agrégation et des détritus de
« la végétation, laissés sur place ou amenés par les
« eaux.

« La roche d'agrégation provient sans doute d'un trans-
« port considérable qui, par suite d'un puissant cataclysme,
« a recouvert tout le pays. Partout, dans les vallées, sur
« la crête des montagnes, on trouve cette roche appelée
« dans le pays Roche à Ravets, à cause de l'aspect caver-
« neux qu'elle présente. »

(*) L'Or à la Guyane Française, *Moniteur Officiel de la Guyane Française*, Année 1873, n°^s 30 à 35.

L'auteur n'attacha malheureusement pas une importance suffisante aux analyses faites à l'École des Mines qui démontraient clairement la présence des métaux précieux dans cette roche, car il ajoute plus loin que la présence de l'or en quantité ne peut être attribuée qu'à un effet local. Il dit à ce propos :

« La diorite et la roche de transport en contiennent
« une petite quantité, mélangée avec la pyrite de fer
« qui les accompagne, mais la ténuité et la rareté des
« parcelles qui peuvent en provenir sont telles qu'il est
« impossible d'admettre que l'une de ces roches, ou
« même les deux, soient la source qui produit des
« pépites de 600, 700 grammes et plus, telle qu'on en
« trouve assez fréquemment dans l'alluvion aurifère pro-
« prement dite. *D'ailleurs, si la Roche à Ravets avait*
« *apporté l'or avec elle, tout le sol de la Guyane serait*
« *aurifère et exploitable.* »

L'auteur avait cependant eu connaissance de l'existence dans la Roche à Ravets non seulement d'or fin ou invisible révélé par l'analyse, mais encore de véritables pépites qu'on y rencontre effectivement en certains points. Parlant en effet de l'origine de l'or dans les roches de la Guyane, qu'il attribue à une sorte de sublimation ayant la vapeur d'eau pour véhicule, il ajoute :

« Pendant le soulèvement, le sol a subi, suivant les
« localités, une élévation de température plus ou moins
« considérable. Là où la température a été très élevée,
« l'or, à l'état de vapeur, poussé et entraîné par la vapeur
« d'eau chargée de silice a été liquéfié, puis solidifié, en
« rencontrant des couches d'une température de moins
« en moins élevée. Il a pu traverser ainsi la diorite ramol-
« lie, en n'y laissant que des traces de son passage et se
« concréter dans les couches supérieures, transformant
« les sables en psammites, les argiles en schistes argi-
« leux, et la roche à ravets en poudingues dont l'argile

« a disparu en partie sous l'influence de la vapeur d'eau.
« L'or s'est arrêté, très divisé dans les psammites ou
« dans le plan de stratification qui les sépare de la couche
« supérieure ; dans les schistes, il a pris la forme de
« paillettes ou de feuillets en s'insinuant entre les plaques
« de ces roches ; enfin dans la Roche à Ravets il a rem-
« pli les vides caverneux laissés par l'élimination de l'ar-
« gile et produit les pépites rouges, informes, comme
« brûlées, qu'on y trouve (Crique Ben). »

J'ai tenu à citer avec quelques détails ce mémoire déjà ancien, car c'est le seul qui, sous des hypothèses géologiques qui sont aujourd'hui vieillies, ait réuni des observations exactes sur les phénomènes qui ont accompagné la venue de l'or dans la Guyane. Les mémoires plus récents, comme celui écrit en anglais par M. Henry-G. Granger (*), se contentent de citer l'existence d'épaisses couches d'hématite sans se préoccuper de leur origine et de leur teneur. C'est aussi l'avis de M. Fieux (**).

M. Babinski (***) attribue à la Roche à Ravets (qu'il désigne sous le nom de *cascajo*) un rôle spécial dans la formation des filons aurifères de la contrée.

D'après cet observateur, le sol de la Guyane est composé de roches anciennes généralement basiques, de diorites, d'amphibolites, de porphyres, etc. Toutes ces roches sont presque partout décomposées à la surface sur une hauteur variant depuis quelques mètres jusqu'à quarante mètres et remplacées par une terre argileuse plus ou

---

(*) *De l'or dans les Guyanes*, par M. Henry-G. GRANGER, American Institute of Mining Engineers, Colorado Meeting, Vol. XXVI, page 516.

(**) *Etude sur le bassin de l'Approuague* (Guyane Française), par J. FIEUX.

(***) Quelques mots sur les gisements aurifères de la Guyane Française et, en particulier, sur les recherches des filons dans cette contrée ; suivis d'une notice sommaire sur les gisements appartenant à la Société de Saint-Elie.

moins rouge qui, amorphe à la surface, a conservé dans ses parties profondes la structure des roches d'où elle dérive. C'est cette terre que l'on appelle *cascajo* au Vénézuéla.

De nombreux filons quartzeux traversent ce terrain ; ils peuvent se diviser en deux grandes classes suivant qu'ils se sont formés avant ou après la décomposition de la partie supérieure des roches dont nous avons parlé plus haut, avant ou après la formation du cascajo. M. Babinski appelle les premiers, qui sont naturellement les plus anciens : *filons ante cascajo* et, les autres, les plus récents, *filons post cascajo*.

Cette distinction a, d'après cet auteur, une assez grande importance ; car, si les premiers affleurent encore, ou ont au moins des témoins de leurs anciens affleurements, les seconds n'ont jamais affleuré, et cela se comprend. En effet, les cassures qui se sont produites dans le sol se sont faites franchement dans des roches dures assez homogènes telles que les roches primitives et elles ont pu se produire jusqu'au jour. Les filons qui les ont remplies ont donc pu affleurer après la formation du cascajo. Au contraire, au contact de cette argile, les cassures, nettes dans les roches solides sous-jacentes, ont fusé dans l'argile, s'y sont répandues en gerbes, et les filons se sont transformés à partir de ce contact en un éventail de veinules.

L'auteur ne donne aucun exemple probant de cette diffusion en éventail des filons récents et je n'ai, pour ma part, constaté aucune preuve de l'existence de ce phénomène dont on se fait d'ailleurs difficilement une idée, étant donné, géologiquement parlant, l'épaisseur presque nulle de la roche à ravets, gisement essentiellement superficiel. Le quartz en petits fragments *non roulés*, que la Roche à Ravets contient en petite quantité et qui reste comme résidu de l'attaque de cette roche quand on la traite par les acides, provient de la décomposition au sein de cette roche et postérieurement à sa formation, de fragments de roches quartzeuses qui s'y sont trouvés englobés.

Aucun des auteurs ci-dessus nommés n'a, à mon avis, bien fait ressortir la relation qui existe entre la Roche à Ravets et les diorites, ni appuyé sa manière de voir sur une étude méthodique. Examinons d'abord quelle est la composition moyenne de cette roche.

ANALYSES FAITES A L'ÉCOLE DES MINES DE PARIS
SUR DIVERS ÉCHANTILLONS DE ROCHE A RAVETS.

ORIGINE DES ÉCHANTILLONS	COMPOSITION						
	Fe^2O^3	Al^2O^3	SiO^2	CaO	PhO^5	MgO	HO combinée
Maripa n° 1	54.70	12.10	8.55	5.50	0.67	4.10	14.40
— n° 2	59.40	14.80	9.50	6.80	0.02	5.40	9.10
Awa (Crique Roche)	60.35	14.10	7.40				14.10
— (Crique Pichevin)	59.40	14.50	6.50	4.80	1.02	3.10	10.10
— Etablissement central	58.25	13.15	8.10				12.79

Comparons-le aux analyses faites sur des diorites provenant des gisements respectifs où les échantillons de ces Roches à Ravets ont été prélevés.

CORPS DOSÉS	MARIPA N° 1		CRIQUE PICHEVIN	
	Diorite décomposée	Roche à Ravets	Diorite franche	Roche à Ravets
FeO	17.60	»	29.16	»
Fe^2O^3		54.70	»	59.40
Al^2O^3	10.07	12.10	8.1	14.50
SiO^2	51.77	8.55	56.3	6.50
CaO	6.57	5.50	2.5	4.80
PhO^5	»	0.67		1.02
FeS^2	5.10	»	1.14	»
MgO	1.10	4.10	0.85	3.10
HO combinée	4.35	14.40	2.10	10.10
Alcalis	3.40	»	pas dosé	»

On constate immédiatement deux caractères bien nets :

Augmentation considérable de la teneur en fer dans la Roche à Ravets par rapport à celle de la diorite ;

Présence du phosphore dans la Roche à Ravets, tandis que cet élément fait défaut dans la diorite.

Ce seul fait caractérise nettement le mode de formation par voie humide de la limonite ferrugineuse, car il n'y a pas d'autre nom pour caractériser une roche ayant la composition que dénoncent les analyses que je viens de donner pour la Roche à Ravets.

La diminution considérable de la silice, la disparition de la pyrite transformée en peroxyde de fer hydraté, caractérisent nettement aussi le mode de formation de la Roche à Ravets, comme produit secondaire provenant de la décomposition des diorites et des schistes encaissants ; ces derniers expliquent la forte proportion d'alumine et de magnésie contenus dans la Roche à Ravets. J'ai d'ailleurs rapporté deux séries d'échantillons prélevés sur place, montrant le passage par degrés successifs, de la diorite verte, franche, avec pyrite de fer, à la Roche à Ravets ferrugineuse.

III. — **Teneur en or de la Roche à Ravets.** — Examinons maintenant la teneur et la répartition des métaux précieux dans cette roche. J'ai déjà dit, en ce qui concerne les diorites, qu'on y trouvait l'or tantôt combiné à la pyrite, tantôt même, ce qui, je dois le dire, est pourtant plus rare, à l'état d'or libre.

Dans la Roche à Ravets, roche essentiellement oxydée, l'or se trouve naturellement à l'état métallique. La caractéristique de son gisement est de s'y trouver associé avec une quantité considérable d'argent, parfois même ce métal seul se rencontre avec seulement des traces d'or. Voici d'ailleurs une série d'analyses que j'ai exétées sur des échantillons provenant de différentes localités de la Guyane et prélevés par moi sur les lieux mêmes.

TENEUR EN MÉTAUX PRÉCIEUX DE DIVERSES ROCHES A RAVETS DE GUYANE.

NUMÉRO d'ordre	DÉSIGNATION DE LA PROVENANCE	TENEUR aux 1000 kilogr.		FINESSE de l'or p. 1.000
		Or	Argent	
		grammes	grammes	
1	Maripa nº 1.........................	»	20	»
2	— nº 2.........................	»	20	»
3	— Crique Tortue.................	4	16	»
4	-- échantillon moyen sur sondage à 3ᵐ,50 de profondeur....	5	»	825
5	Maripa, chantier Crique Jean.............	5	»	800
6	Awa, chantier Pichevin.................	5	»	850
7	— Etablissement Central.............	2	«	850
8	Chantier : Trou Maripa, échantillon moyen.....	18 1/2	»	866
9	Roche à Ravets pisoolithique (Maripa).........	3	»	700
10	Maripa, échantillon pris à 800 mètres en amont du Central....................	73	»	850
11	Echantillon pris à Beïman-Creek............	7	»	850

Tous ces échantillons proviennent — et c'est là un fait important à bien retenir — de la surface même du terrain dont ils ont été extraits simplement au pic, vu le peu de dureté de la roche. J'ai fait un seul sondage d'une certaine profondeur, environ à 3ᵐ,50 avec un trépan muni d'une cuillère à soupape, et l'essai a été fait sur l'échantillon moyen extrait du sondage (nº 4 du tableau ci-dessus).

Mode d'analyse rapide des Roches à Ravets sur le terrain. — Les analyses faites à Paris ont été exécutées par la méthode ordinaire de fusion plombeuse et coupellation du culot de plomb en opérant sur un poids constant de 50 grammes. En Guyane, j'opère sur les lieux mêmes d'une façon un peu différente en broyant simplement 5 kilogrammes de chaque échantillon à essayer en le passant au tamis nº 40, puis en amalgamant dans une dame-jeanne l'échantillon additionné d'une quantité d'eau suffisante pour le transformer en une bouillie claire. L'amalgamation se fait dans un petit moulin rustique installé dans le torrent voisin et dure environ huit heures. La matière est ensuite passée à la battée, le mercure recueilli, nettoyé et évaporé dans une poêle. Dans ces conditions, on pèse ensemble la totalité de l'or et de l'argent amalgamables contenus dans le minerai.

Détermination des parties riches d'un gisement de Roches à Ravets. — On voit qu'en présence des grandes variations de teneur résultant de l'examen de ce tableau, il importe, pour savoir si la Roche à Ravets de telle ou telle région peut ou non être exploitée avec profit, d'en faire la reconnaissance complète au moyen de sondages et d'analyses multipliés. C'est d'ailleurs un travail extrêmement facile puisque cette roche est tendre, forme des dépôts étendus à la surface même du sol et peut, par conséquent, être sondée par des moyens très simples, tels que puits ou trous de sondage. La diversité des teneurs de cette roche n'a rien qui doive surprendre si on se rapporte à son mode de formation que j'ai exposé plus haut, c'est-à-dire à la décomposition des roches dioritiques qui ont elles-mêmes des teneurs très variables en métaux précieux.

Ce qu'il faut retenir de ce qui précède et ce qui est démontré par les résultats ci-dessus détaillés, c'est qu'il existe en Guyane des Roches à Ravets présentant, dès la surface du sol, une teneur en or suffisante pour permettre de tenter avec bénéfice l'extraction du métal précieux qu'elles contiennent.

Répartition de l'or dans la Roche à Ravets. — La question de répartition de l'or et de l'argent dans cette Roche à Ravets est, on le comprend, d'autant plus importante qu'on vient de voir qu'elle est essentiellement variable. L'examen micrographique et microscopique de cette roche terreuse n'a pu me donner à ce sujet aucune indication. Il existe cependant des échantillons de Roche à Ravets caractéristiques contenant non seulement de l'or visible, mais même des pépites d'assez grande dimension. Ces pépites présentent même la particularité d'être recouvertes d'une sorte d'enduit ferrugineux ou noirâtre qui empêche leur amalgamation dans les sluices. Tous les auteurs qui ont écrit sur la Guyane ont signalé ce fait et une pépite de ce genre, pesant 33 livres, prise d'abord pour un bloc d'oxyde de fer, trouvée dans l'Äwa il y a quelques années, est restée classique dans le pays.

J'ai dû me borner, pour les échantillons que je possède, à essayer l'action du mercure sur des plaques polies d'une certaine dimension, prélevées au sein des échantillons de Roches à Ravets soumises à l'examen. Le mercure reste attaché, sous forme de petits globules brillants, sur les points où les parcelles d'or se sont amalgamées.

La *fig.* 1, Planche V, indique la répartition que j'ai mise ainsi en évidence. On voit que les particules métalliques se concentrent de préférence dans les portions concrétionnées qui entourent les cavités, contenant actuellement de l'argile jaune, mais primitivement occupées par des débris rocheux ou schisteux, que les eaux ont cimenté ensuite. Cette argile contenue dans les alvéoles s'est constamment montrée complètement stérile dans mes essais.

Des « terres de montagne ». — Les exploitants guyanais ont reconnu déjà depuis longtemps que certains placers contiennent non seulement des alluvions aurifères dans leurs thalwegs, mais que la richesse en or, parfois même plus considérable que dans le placer même, le terrain « payant », se poursuit sur les versants latéraux bien que la couche aurifère proprement dite, caractérisée, comme nous le verrons plus loin à propos de la formation des placers, par la présence constante d'une grande quantité de quartz blanc, ait complètement disparu. C'est ce qu'on appelle, en style local, l'exploitation des *terres de montagne*. Sans bien se rendre compte de son origine, ce phénomène est avéré et reconnu par tous les prospecteurs, qui ne manquent jamais,

surtout dans les placers riches, de « tâter » la terre
du bas des versants. Il faut ajouter que c'est dans ces
terres qu'on rencontre le plus fréquemment l'*or rouillé*
dont j'ai parlé plus haut. Il est évident qu'on se trouve
là en présence d'un enrichissement *in situ* de la Roche
à Ravets elle-même, et c'est précisément dans ces endroits
que l'examen de la teneur de la roche sous-jacente présente le plus de chances de résultats favorables.

Il en est de même des très nombreux endroits signalés
dans la Colonie, surtout dans les bassins de la Mana et
du Sinnamary, dans lesquels on a trouvé des pépites isolées sur le versant ou même sur le sommet des plateaux
formés par la Roche à Ravets sans qu'on ait pu découvrir
le gisement originaire de ces trouvailles isolées.

Le premier soin, en effet, des chercheurs attirés par le
bruit d'une découverte de ce genre, était de chercher *la
couche*, c'est-à-dire le quartz blanc en morceaux, en
dehors duquel ils ne concevaient pas l'existence possible
d'alluvions aurifères, et, comme ils ne trouvaient sur
place que de la Roche à Ravets, ils descendaient aussitôt
dans les ravins avoisinants où ils trouvaient bien la couche,
mais sans les teneurs en or qu'ils s'attendaient à y rencontrer.

Il est certain que, dans ces divers cas, on aurait pu, en
portant son attention sur la Roche à Ravets elle-même, découvrir longtemps avant moi l'exploitabilité de cette roche.

Mode de traitement de la Roche à Ravets. — Je dois
ajouter d'ailleurs que son traitement est des plus simples ;
il consiste en un simple broyage par des meules genre
chilien, suivi d'une amalgamation directe, l'or s'y trouvant
à l'état libre et le peu de dureté du minerai permettant de
passer de fortes quantités dans des appareils de ce genre
avec une faible dépense de force motrice.

Comparaison avec la formation aurifère du Brésil. —
L'ensemble des caractères que je viens d'exposer pré-

sente, avec la formation aurifère du Brésil, et spécialement avec celle d'Ouro-Preto, une analogie trop frappante pour qu'elle ne soit pas mise ici en lumière.

On possède, grâce aux monographies très complètes (*) de M. de Bovet et du regretté M. Ferrand (**), tous les éléments nécessaires pour faire ressortir les caractères communs qui relient d'une manière évidente les formations aurifères des Guyanes avec celles du Brésil. D'après ces auteurs, l'abondance des minerais de fer dans la province de Minas, leur richesse et leur pureté sont véritablement extraordinaires. Il est impossible que le voyageur, même le plus attentif et le plus étranger aux études minéralogiques, n'en soit pas frappé.

Tous ces minerais appartiennent à la catégorie des fers oligistes. Ce sont : du fer oligiste arénacé, mêlé de quelques grains de quartz formant une roche parfois extrêmement friable (itabirite, jacutinga, *roches souvent aurifères, parfois d'une richesse considérable*), et qui, en bien des points, a été et est encore exploitée comme minerai d'or, par exemple à Gongo-Socco anciennement et aujourd'hui encore à Morro-de-Santa-Anna ;

Du fer oligiste micacé, mêlé également à du quartz en grains fins formant aussi une roche friable ;

Du fer oligiste spéculaire quelquefois en magnifiques cristaux ;

Du fer oligiste compact formant alors une pierre extrêmement dure et tenace, dont la cassure ressemble à celle d'un barreau d'acier ;

Enfin un conglomérat couvrant, avec une puissance ordinairement faible, des épaisseurs de terrain d'étendue énorme au pied des gisements de fer oligiste. Cette

---

(*) *L'industrie minérale dans la Province de Minas Geraes*, par M. A. de Bovet, professeur à l'École des Mines d'Ouro-Preto, Brésil.
(**) *L'or à Minas Geraes* (Brésil), par M. Paul Ferrand, vol. II, 1er fasc. Ouro-Preto, 1894, Imprensa official do estado de Minas Geraes.

roche est, dans le pays, connue sous le nom de *canga*. Elle est manifestement formée aux dépens des autres gisements ; il est, en effet, facile d'y reconnaitre des morceaux des diverses roches de fer oligiste reliées par un ciment d'hématite rouge. Cette roche, par suite même de son mode de formation, est pleine de cavités.

C'est, comme on le voit, sauf le nom qui est changé, une description exacte de la Roche à Ravets guyanaise.

Dans l'ensemble, l'ordre de superposition des terrains de cette région est le suivant :

Au bas, sur une épaisseur énorme, les granites et les gneiss que le voyageur, partant de Rio et se dirigeant vers le Nord, accompagne depuis Rio jusque auprès de la sierra d'Ouro-Branco sur une étendue de 450 kilomètres environ. Ce sont les gneiss décomposés qui, sur les 100 derniers kilomètres de ce parcours, de Barbacena à Ouro-Branco, forment les terres rouges argileuses plus ou moins colorées de cette région, comme il est facile de le constater dans les tranchées du chemin de fer. Au-dessus viennent des roches schisteuses, à apparence de talcschistes, mais qui ne sont cependant que des argiles schisteuses, puis des quartzites, soit arénacés, soit compacts, mais alors se séparant facilement en grandes dalles minces et constituant la *pedra de lajes*. Enfin au-dessus des quartzites viennent les itabirites, immenses dépôts de fer oligiste plus ou moins mélangés de quartz, formant cette masse énorme de minerais de fer dont j'ai déjà signalé l'existence et l'importance. Compactes et dures, ces itabirites forment ce qu'on appelle plus spécialement dans le pays la *pedra de ferro* ; aréneuses et friables, elles reçoivent le nom de *jacutinga*.

On voit que la succession des terrains qui accompagnent la venue aurifère au Brésil, sauf les quartzites superficiels dont je n'ai pas constaté la présence en

Guyane, est absolument identique à celle qui forme l'infrastructure du massif des terrains anciens guyanais.

L'or, qui dans ces gisements se trouve mêlé à du quartz et à du fer oligiste, est, comme dans les filons de quartz, en grosses paillettes ; il est du reste disséminé d'une façon absolument irrégulière : *certains points de ces couches d'itabirites ont des richesses réellement fabuleuses, alors que des étendues considérables sont absolument stériles.*

Ce gisement de l'or est en relation intime avec les filons de quartz ; cependant son importance, tant à cause de son développement énorme qu'à cause des nombreuses exploitations auxquelles il a donné lieu, a conduit Ferrand à le considérer comme un troisième type des gisements aurifères.

Dans les quartzites, l'or que l'on peut rencontrer, soit dans la masse, soit entre les faces de clivage, se présente encore en paillettes et avec tous les caractères de l'or des filons de quartz, mais là l'imprégnation ne s'est plus étendus à d'aussi grandes distances que dans la jacutinga, elle n'existe guère, à proprement parler, que dans les salbandes du filon, et dès lors le lien entre ce gisement et le filon lui-même devient tellement intime qu'il y aurait exagération à vouloir y voir un mode de gisement particulier. Il est facile de rencontrer des exemples clairs de ce mode de gisement dans les carrières mêmes d'Ouro-Preto : dans quelques exploitations, après avoir enlevé à droite et à gauche du filon la masse entière de la jacutinga, les exploitants ont continué à descendre dans le filon même, mais dès lors la largeur des travaux s'est réduite à la largeur même du filon, on n'a entamé que d'une façon insignifiante les couches de quartzites.

Gisements aurifères ferrugineux de la sierra de Peñaflor (Espagne). — Il importe enfin de rapprocher la formation ferrugineuse, qu'elle soit à base de fer oligiste comme au Brésil ou que la limonite y prédomine comme dans les Guyanes, d'une formation identique ferro-alumineuse, aurifère comme les précédentes et provenant indubitablement comme elles de la décomposition secondaire des roches éruptives adjacentes.

Il s'agit des gisements aurifères de la sierra de Peñaflor dans la Sierra Nevada en Espagne, associés aux épanchements dioritiques et amphiboliques qui figurent sur la carte géologique d'Espagne de MM. Verneuil, Collomb et F. de Botella.

Cette formation a fait l'objet, de la part de M. A.-F. Noguès, de deux communications à l'Académie des Sciences dont voici un résumé.

Roches pyroxéno-amphiboliques. — L'auteur signale un gisement d'or, en Andalousie, en relation avec des roches pyroxéno-amphiboliques, verdâtres ou noirâtres, composées d'amphiboles et de pyroxène en cristaux ou en pâte associés à un feldspath blanc, rosé ou verdâtre du 6ᵉ système. Elles ont commencé à surgir avant le miocène supérieur, et leur venue s'est terminée avec le pliocène supérieur, date du retrait de la mer et de la formation de la vallée du Guadalquivir. Ces sources hydro-minérales basiques qui ont joué un rôle dans les métallisations de cette région ont continué durant la période pliocène et l'âge quaternaire. Elles ont amené à jour des masses alumino-magnésiennes qui se trouvent même sur les sommités de la sierra et contribué à former les terres rouges ferro-alumineuses aurifères.

Amas et remplissage de contact. — Ces roches pyroxéno-amphiboliques ont coupé et métamorphisé les sédiments paléozoïques et particulièrement les calcaires siluriens qui sont devenus cristallins, fortement relevés, même renversés ou ouverts en éventail. Aux points de contact de la roche d'épanchement et du calcaire ancien, celui-ci a été pénétré de cristaux silicatés (amphibole), de pyrites, etc., les fentes ou crevasses ont été remplies par des substances métallifères, principalement par des minerais de fer (oligiste, magnétite, limonite), des sulfures de fer, de cuivre, des sulfures et arsénio-sulfures de nickel (nickeline, linnéite, millérite, diomose) qui se décomposent en arséniate vert de nickel (annabergite), des tellurures aurifères (mullerine, sylvanite, etc.); tous ces minéraux sont accompagnés par de l'or natif et de l'or combiné. Ces amas en poches irrégulières, inconstants, sans continuité superficielle et de peu de profondeur où le fer domine, sont des accidents.

Terres rouges ferro-aurifères. Dissémination de l'or. — Ces terres rouges n'ont pas été formées par sédimentation ni par transport; elles se trouvent sur les sommités de la sierra et sont constituées en partie par des débris de la roche sous-jacente. Partout où la roche pyroxéno-amphibolique apparaît, les terres colorées en rouge contiennent de l'or libre ou combiné; également partout où le calcaire cristallin est en contact ou au voisinage de la diorite, les mêmes terres rouges contiennent de l'or; enfin les terres des parties basses et les alluvions formées par la destruction ou le transport des éléments de la sierra contiennent aussi de l'or. La terre rouge ferro-alumineuse est le véritable minerai aurifère, 1 litre de cette terre rouge criblée pèse $1^{kg},400$, soit 14 à 1.700 kilogrammes au mètre cube; 1 litre perd par débourbage $0^{lit},3$ qui pèse de 400 à 410 grammes. Enfin, en lavant le résidu, on obtient un sable noir caractéristique constitué en grande partie par de la magnétite contenant aussi oligiste, ilménite, zircon, rutile, tellurure d'or, or combiné, or natif (au titre de 992 à 993 contenant argent, palladium, rhodium) en petites paillettes, grains ou poudre fine.

L'or est disséminé d'une manière inégale dans les

terres rouges : M. Noguès estime à environ 10.000 hectares la surface actuellement connue par lui de sol aurifère dans la région de Peñaflor, tora del Rio et de la Puebla.

Genèse de l'or. — Le sable noir contient tous les minéraux qui se trouvent dans les roches pyroxéno-amphiboliques et ces minéraux y ont conservé intactes leurs formes cristallines (angles solides, faces), ce qui exclut l'hypothèse d'un broyage naturel ou d'un transport : *il résulte de la désagrégation superficielle des diorites et des amphibolites.* L'or natif ou combiné du sable noir a la même origine que ce sable, *il provient de la roche éruptive (diorite et amphibolite)* qui l'a amené de l'intérieur à la surface sous diverses combinaisons ultérieurement détruites ou décomposées. En effet, on trouve la diorite et l'amphibolite pénétrées de divers minéraux métallifères, sulfurés, arsénio-sulfurés, tellururés, des tellurures avec des lamelles d'or natif encore adhérentes, de l'or natif interposé entre les lamelles cristallines, des oxydules et oxydes de fer, enfin des diorites et amphibolites contenant de l'or métallique visible à l'œil nu et des minerais métallifères au contact de ces diorites avec des paillettes d'or natif. L'or métallique a été en partie mis en liberté avec le fer titané, la magnétite, l'oligiste, etc., de la roche éruptive pyroxéno-amphibolique.

Conclusions. — Voici les conclusions à tirer de cet exposé :

I. — Les diorites et amphibolites de la sierra de Peñaflor ont eu une longue période d'éruption qui a commencé avec le miocène moyen, s'est continuée durant le miocène supérieur et le pliocène et s'est terminée avec celui-ci ; l'éruption de ces roches a donné à la petite sierra son relief, bien qu'elle ait participé des soulèvements plus anciens; le miocène supérieur a été porté à environ 300 mètres au-dessus du Guadalquivir.

II. — Des émanations hydro-minérales basiques ont coïncidé avec ces éruptions; elles ont rempli de minéraux métallifères (cuivre, nickel, fer), aurifères et de sels alcalins des crevasses préexistantes.

III. — Les terres ferro-alumineuses aurifères qui forment le sol des sommets et des flancs de la Sierra sont le résultat de la décomposition séculaire sur place et de la désagrégation superficielle des roches pyroxéno-amphiboliques et aussi des manifestations hydro-minérales.

IV. — L'or natif ou combiné, en proportions variables, est venu au jour amené par des roches pyroxéno-amphiboliques. L'or se trouve: 1° dans les amas métallifères de remplissage (nickel, cuivre, fer) au contact des diorites et des calcaires cristallins : 2° dans les roches primaires en contact avec les mêmes roches d'épanchement ; 3° dans les calcaires et grès tertiaires en relation avec les diorites et amphibolites et les émanations hydro-minérales ; 4° dans les terres rouges ferro-alumineuses ; 5° dans les alluvions de la plaine formée par les débris des roches et minéraux entraînés de la sierra : 6° enfin dans les diorites et amphibolites qui l'ont amené de l'intérieur.

Formation aurifère du Contesté Franco-Brésilien. — Je dois à l'obligeance de M. Maurice Bernard, ingénieur au Corps des Mines, qui a exécuté en 1896 un voyage d'exploration et d'études dans le Territoire Contesté Franco-Brésilien, un résumé du remarquable rapport, malheureusement inédit encore, qu'il a rédigé à la suite de ce voyage.

Voici ce qu'il dit, à propos de la formation aurifere en général et de la relation qui existe entre la Roche à Ravets et les roches vertes.

« *Aperçu géologique du Contesté.* — La région com-

prise entre l'Océan et les confins des placers du Contesté
est essentiellement granitique ; le granite, à orthose rose,
oligoclase vert et à amphibole, est largement cristallisé ;
son aspect est identique à celui de la roche « feuille
morte » des ballons de Servance et d'Alsace. De nombreux
« sauts » permettent d'étudier cette roche qui se montre
partout semblable à elle-même ; en un seul point (saut
Abatis-Maïs) elle est traversée de filons de roche verte
(diorite à grains très fins), et c'est aussi le seul point où
j'ai trouvé de l'or (80 francs au mètre cube dans les
sables du saut).

« A peu de distance du placer, le granite cède la place
au gneiss, généralement amphibolique, puis aux amphibolites franches, parfois chargées de pyrite et d'un peu
de pyrite de cuivre.

« *Roches vertes et filons.* — Toute la région aurifère a
son substratum formé d'amphibolites. Cette roche est
recoupée par des dykes puissants de diorite franche, parfois épidotique, très souvent porphyroïde ; cette diorite
est elle-même recoupée par des filons de deux natures :
les uns de quartz pur, de puissance moyenne, les autres
nombreux, épais (7 à 25 mètres) et à remplissage granulitique, avec texture le plus souvent franchement pegma-
toïde ; ces derniers filons, qui contiennent comme minéraux
constituants : le quartz, l'orthose, le mica noir et le mica
blanc (en moindre proportion), ne renferment, comme
minéraux accessoires, aucune des espèces qui caractérisent
les pegmatites (tourmaline, émeraude, etc.), mais des
minéraux plutôt basiques (grenats foncés, hornblende,
épidote) et assez rares, comme si le remplissage des
filons était un produit d'exsudation de la diorite encaissante. Le remplissage est presque toujours rubané, et
l'orthose a donné lieu à des bancs très puissants de
kaolin.

« Ces deux genres de filons — quartz et granulite —

sont aurifères ; l'or est d'ailleurs intimement lié à la présence du quartz ; les parties kaolinisées ou micacées n'en renferment pas.

« Les filons granulitiques se suivent sur plusieurs kilomètres ; ils paraissent se perdre en arrivant aux limites des dykes de diorite ; ils forment deux systèmes : l'un orienté N. 20° E., l'autre N. 100° E. ; les pendages sont presque verticaux ; les deux systèmes ont leur croisement dans la région dite « le nœud de Lorens » qui s'est révélée la plus riche.

« Les filons de quartz sont plus nombreux, plus minces, plus difficiles à suivre et de directions variées ; ils se montrent dans la même région.

« Le quartz d'affleurement n'est pas carié ; le passage des filons granulitiques est dissimulé sous un manteau d'alluvions des pentes ; on les saisit à la traversée des criques ; ils sont décomposés et ont un chapeau, non de fer, mais de manganèse (pareille singularité a été signalée dans la Guyane Anglaise).

« *Roche à Ravets.* — En outre des roches précédentes et de l'épais manteau d'alluvions modernes qui recouvre toute la contrée, il faut citer les « Roches à Ravets » qui, au Carsewene, forment deux classes distinctes ; l'une, la plus fréquente, provient nettement de l'altération des roches vertes, car j'ai trouvé des blocs d'amphibolite, saine dans une partie, oxydée et rouge dans l'autre, la séparation étant à la fois progressive et tranchée ; cette Roche à Ravets doit être aurifère en même temps que la roche verte d'où elle provient ; elle offre le grand intérêt, aux Guyanes, d'être toujours présente quand, souvent, la roche saine, indice fréquent de l'or, reste invisible ou difficile à voir. J'ai rencontré le second type de Roches à Ravets dans les têtes de certains filons du type granulitique ; elle y forme alors des noyaux, dont la couleur varie du jaune au noir, et qui semblent plutôt provenir de l'oxydation de parties sulfurées ; ces noyaux sont souvent très aurifères (180 francs au mètre cube). »

Terres rouges de Madagascar. — Pour compléter les données qui précèdent, il convient de rappeler que, dans un travail tout récent paru dans les *Annales des Mines*, M. de Launay, analysant les conclusions de M. Maurice Bernard, faisait ressortir avec raison la similitude complète qui existe entre le phénomène guyanais de la Roche à Ravets ou du cascajo, si on lui conserve sa dénomination vénézuélienne, avec les terres rouges, légèrement aurifères de Madagascar.

On sait en effet que les diverses explorations minières récemment faites dans cette colonie, en vue de l'exploitation de l'or alluvionnaire, ont signalé l'existence, sur de vastes surfaces, notamment dans le Betsiléo et sur divers points de la côte Ouest, sur lesquels on est en train d'édifier tant d'espérances, de terres rouges et de limonites aurifères qui paraissent résulter aussi de la décomposition des diorites, dans des conditions comparables à celles de la Guyane (*).

Ainsi présenté, le phénomène qui a amené la formation de la Roche à Ravets aurifère revêt un caractère d'uniformité d'origine et de généralité dans le mode même de sa production, en relation étroite avec la décomposition des roches vertes, que j'espère être arrivé à établir clairement dans l'étude qui précède.

Résumé de l'exposé relatif à la Roche à Ravets. — On voit, par le rapide exposé que je viens de faire, qu'il y a, au sujet de l'enrichissement en métaux précieux de la Roche à Ravets, deux opinions clairement exposées.

Dans un cas on l'attribue à la venue au jour de filons aurifères postérieurs à la formation de la Roche à Ravets

---

(*) L. DE LAUNAY, *Contribution à l'étude des Gîtes métallifères.* Annales des Mines, livraison d'août 1897, p. 223.

(cascajo ou canga) avec diffusion dans la roche de formation secondaire de l'or venu par voie éruptive, produisant dans la masse spongieuse et éminemment favorable à l'enrichissement, des concentrations aurifères ayant donné lieu à des exploitations extrêmement fructueuses.

Dans l'autre opinion, qui est la mienne, l'enrichissement en métaux précieux serait uniquement dû à la concentration dans les roches de formation secondaire, de l'or et de l'argent primitivement contenus dans la roche éruptive qui leur a donné naissance, et les variations de teneur de cette dernière s'expliqueraient simplement par des variations correspondantes dans la roche initiale. La présence constante du phosphore dans la Roche à Ravets est en tout cas un indice indubitable de son origine et de son dépôt par voie humide. Je n'ai pas été à même non plus de constater un rapport quelconque entre la teneur en métaux précieux de la Roche à Ravets et la présence de fissures d'origine filonienne dans la croûte continue qu'elle forme sur les collines de la Guyane. Je dois me borner cependant à cette appréciation personnelle, vu que, en géologie, les preuves négatives sont toujours sujettes à être infirmées par la découverte de faits nouveaux, surtout lorsqu'il s'agit, comme dans l'espèce, de la reconnaissance d'un pays où la vue du terrain est extrêmement difficile et rare et où les travaux miniers proprement dits sont nuls ou à peu près.

Le point important à retenir, et sur lequel tout le monde est d'ailleurs d'accord, c'est que l'enrichissement en métaux précieux de la roche secondaire, loin d'être uniforme, ne se produit que sur certains points et qu'il faut par conséquent, avant de pouvoir se prononcer sur l'exploitabilité de tel ou tel gisement de ce genre, y exécuter les travaux préparatoires permettant de cuber, au moins en partie, la richesse exploitable qu'il contient.

Il importe de bien faire ressortir ces réserves afin

d'éviter l'engouement trop facile qui s'attache dans les pays aurifères à l'annonce de la découverte d'un nouveau mode de gisement du métal précieux sur lequel l'attention du public n'avait pas été précédemment attirée. C'est en effet dans ces conditions, qu'avec leur passion ordinaire les chercheurs d'or se jettent sur l'idée nouvelle, appliquent tant bien que mal et généralement plutôt mal que bien, les principes qui lui ont donné naissance, échouent dans leur tentative et abandonnent, avec la même facilité et la même promptitude qu'ils les avaient reçues, des indications qui, appliquées avec méthode et persévérance, leur auraient donné de tout autres résultats.

DES FILONS AURIFÈRES.

Bien qu'à mon avis, l'ère de l'exploitation des placers guyanais soit loin d'avoir atteint son développement normal, et que par conséquent celle où l'exploitation des filons aurifères entrera définitivement en ligne de compte soit encore une contingence d'avenir, il n'est pas moins intéressant de dire dès à présent ici ce qu'on sait à leur sujet et de faire connaître l'opinion que j'ai pu m'en faire au cours de ma mission.

Difficultés que présente la construction des ateliers de broyage de quartz. — L'obstacle principal qu'il faut surmonter pour l'exploitation des filons, dans un pays privé totalement de moyens de transport comme la Guyane, est la difficulté et le coût énorme du transport du matériel de broyage sur place. En fait, la majeure partie des essais, peu nombreux d'ailleurs, qui ont été tentés pour installer un atelier de broyage de quartz, ont sombré par suite des difficultés de transport. Tantôt le matériel est resté en route par suite du manque de fonds pour le porter sur les lieux : cela a été le cas général. Dans deux autres cas l'affaire a échoué par suite du manque de travaux préparatoires dans le filon, ce qui a eu pour résultat, une fois les pilons montés, qu'on n'a rien eu à leur faire broyer. C'est un cas si fréquent dans les pays neufs que je ne m'attarderais pas à le signaler si ce n'était la nécessité, dans un ouvrage comme celui-ci, de remettre les choses au point et d'indiquer clairement les causes des insuccès passés pour éviter de nouvelles écoles.

Caractères généraux des gisements de quartz aurifères en Guyane. — Disons d'abord quelques mots des caractères généraux des filons de quartz en Guyane. On en rencontre, on peut dire à chaque pas, dans les terrains anciens, schistes et micaschistes, et ils forment sur un grand nombre de rivières une série de sauts, ce qui permet souvent de prédire à la simple inspection de la carte, où les sauts sont indiqués, les points où on les rencontrera. La caractéristique de ces filons est d'être *nettement interstratifiés* dans les roches feuilletées qui les contiennent, et d'épouser par conséquent la direction générale de ces strates, qui est, comme je l'ai dit, très approximativement, Est-Ouest, ou E. 20° N.

Leur pendage varie naturellement beaucoup avec celui des roches encaissantes ; il se rapproche de la verticale dans le voisinage des roches éruptives qui ont redressé l'ensemble du terrain qui les contient.

La puissance de ces filons-couches varie de quelques centimètres à plusieurs mètres, et dans ce dernier cas le quartz généralement blanc qui forme le filon ayant mieux résisté aux agents d'érosion, forme dans les rivières des pyramides ou des pains de sucre, dont plusieurs sont célèbres et ont été cités par les auteurs les plus anciens.

Nature du quartz. — Le quartz qui compose ces couches est généralement d'un blanc laiteux passant parfois à la couleur chamois clair ou au gris bleu. Cette dernière couleur constitue un indice recherché de richesse.

La pyrite de fer y est extrêmement fréquente, associée au mispickel, mais avec prédominance marquée de la pyrite. Voici un certain nombre d'analyses faites sur des échantillons que j'ai prélevés au cours de ma mission, avec l'indication de leur provenance et quelques notions sur leur mode de gisement.

TENEUR EN MÉTAUX PRÉCIEUX DE DIVERS GÎTES DE QUARTZ GUYANAIS.

NUMÉRO d'ordre	PROVENANCE DES ÉCHANTILLONS	TENEUR aux 1.000 kilogr.		OBSER-VATIONS
		Or	Argent	
		grammes	grammes	Finesse de l'or 0/00
1	Crique Sparwine ; filon à son embouchure........	»	24	0/00
2	— à 3 kilomètres amont du camp..	25	»	700
3	Filon du village d'Apatou (Saut Hermina).......	»	»	»
4	— traversant l'Awa au placer Gaillot........	20	»	850
5	— d'Aponci-Kondé (Maroni)	36	»	800
6	— même gisement ; quartz bleuâtre..........	22	»	800
7	— Beïman-Creek	60	»	850
8	— Maripa ; échantillon moyen...............	4	»	866
9	— Maripa ; échantillon avec pyrite de fer.....	60	»	820
10	Saint-Elie ; rendement moyen de 224 tonnes.....	64	»	»
11	A Dieu Vat ; 10 tonnes vendues à Paris en 1897.	229	4	»

Gisements de pyrite de fer aurifère. — C'est à ce genre de gisement que doivent se rapporter les amas de pyrites de fer, parfois de dimensions considérables, qui sont signalés sur certains points de la Guyane. On en connait notamment deux : l'un, sur un affluent de l'Approuague, que je n'ai pas pu visiter ; un autre, sur le placer Eldorado, situé dans le bassin du Sinnamary, dont j'ai rapporté un échantillon. Cette pyrite, très pure, se présente sous forme d'une masse compacte formée de pyrite de fer à cassure cubique. Teneur en or de cette pyrite : 200 grammes à la tonne de pyrite triée.

Ce gisement se trouve dans le voisinage immédiat d'un grand épanchement de roches dioritiques. Il en est de même des échantillons (nᵒˢ 5, 7, 10 et 11) du tableau ci-dessus.

Ce dernier genre de gisement n'a été l'objet, jusqu'à ce jour, d'aucune tentative sérieuse d'exploitation.

Conclusions relatives aux filons quartzeux aurifères. — Des résultats que j'ai obtenus et de ceux donnés par les travaux en cours, il résulte :

1° Que la majeure partie de ces gîtes est stérile ;

2° Que seuls les quartz situés dans le voisinage des épanchements dioritiques ou dans le sein de cette formation, présentent un enrichissement en or pouvant aller jusqu'à 300 grammes et au delà à la tonne de minerai.

Quant à la question de continuité de cette teneur et de régularité de la richesse en direction et en profondeur, il est impossible, en l'absence de tous travaux miniers développés, de donner sur cette question une opinion basée sur des faits. Il est incontestable que des teneurs aussi magnifiques que celles que je viens d'indiquer (n° 11 du tableau) et qui ont été prélevées non pas sur un échantillon isolé, mais sur une prise moyenne faite sur un lot qui a été vendu et payé d'après cette teneur, est un fait des plus intéressants à signaler. Mais d'autre part, comme dans tous les gisements appartenant au type des filons-couches, il faut s'attendre à un régime en chapelet, à des variations fréquentes de puissance qui exigent un développement préalable de travaux préparatoires pour permettre d'espérer une production régulière de minerai à bocarder. Je n'ai presque pas besoin d'ajouter qu'un pareil travail n'a jamais été fait ni même tenté en Guyane Française, et que c'est dans la Guyane Anglaise qu'il faut aller chercher l'unique exemple d'une exploitation minière arrivée déjà à un certain développement.

Quartz aurifères de la Guyane Anglaise. — Ce n'est en effet qu'à la mine Barima que des travaux réellement importants ont été exécutés, bien que les puits faits sur les deux veines qu'on y exploite n'aient atteint qu'une profondeur maxima de 196 pieds (environ 60 mètres). Dans la même vallée, on a percé récemment un travers-bancs, qui a recoupé une veine excellente. On se propose déjà d'y exécuter une galerie de rabais pour attaquer le gite à un niveau inférieur.

Dans les veines en exploitation, la teneur du minerai recueilli a donné jusqu'à présent des résultats variant entre 2 et 5 onces à la tonne (62 à 155 grammes à la tonne). D'après l'auteur américain qui donne ces détails (*), quand on s'approche du Cuinni, les collines ont des hauteurs qui varient de 1.200 à 3.000 pieds. On n'a pas essayé de chercher les minéraux, excepté près de Minnehana, dans les placers du district de Potaro (qui se trouve à peu près au centre de la colonie) et qui appartiennent à M. G. Garnett, un armateur important de Demerara, et à un ou deux associés qui ont payé l'impôt au Gouvernement sur plus de 60.000 onces d'or retiré de ces placers depuis le commencement des travaux, en 1870. M. Clarke ajoute :

« M. Garnett m'a dit, lorsque je quittais Demerara,
« que des mineurs, qu'il avait envoyés creuser un tunnel
« pour le quartz en leur promettant une part dans les béné-
« fices, venaient de lui envoyer des échantillons de minerai
« d'or si riche qu'il n'avait pas besoin d'être passé au
« moulin. Pour moi les preuves qui me sont fournies
« sont suffisantes pour me faire penser que cette région
« de collines en entier, c'est-à-dire 400 milles environ,
« est une mine d'or. On trouve du quartz très riche par-
« tout sur le Rupununi supérieur. La question de délimi-
« tation de frontières (avec le Vénézuéla) tient en suspens
« tous les intérêts. Il est si ennuyeux, si pénible et coûteux,
« d'arriver dans le centre, excepté quand on est sur ou près
« de la rivière Barima, que si même par hasard le terri-
« toire était abandonné au Vénézuéla, les travaux cesse-

(*) *Quartz mines in British Guyana*, by Charles-B. CLARKE (Engineering and Mining Journal, 11 Juin 1896).

« raient immédiatement ; les droits de douane seuls
« rendraient toute exploitation impossible.

« Les droits sur la farine par exemple sont de 5 $ d'or
« par baril de 196 livres. Il n'y a ni routes, ni chemins
« privés, ni sentiers ; les provisions, les outils doivent
« être transportés d'un côté à l'autre de la rivière sur les
« épaules de nègres. Il n'y a pas une bête de somme, à
« l'exception de celles qui sont sur les plantations de
« sucre près de la côte, et on ne trouverait pas non plus
« de fourrage pour pouvoir les nourrir. »

Lors de mon dernier passage à Demerara, j'ai été
informé que deux importants syndicats locaux et un troisième constitué avec des capitaux de la Métropole se
proposaient d'installer des broyages de quartz dans le
haut bassin de l'Essequibo.

**Travaux actuellement en cours sur les quartz aurifères
de la Guyane Française.** — Pour en revenir à la Guyane
Française, le seul point où s'exécutent, au moment où
j'écris, des travaux préparatoires sur un gisement de quartz
aurifère, se trouve à « A Dieu-Vat », placer qui appartient à la Cie de Saint-Élie, pour le compte de laquelle
se font les travaux. L'extrême proximité du fleuve Sinnamary, navigable par chaloupe à vapeur jusqu'en face
du placer, donne toute facilité pour le transport éventuel
du matériel sur place, si le traçage du gîte répond aux
espérances qu'il a données jusqu'ici. C'est sur un lot
de minerai provenant d' « A Dieu-Vat » qu'a été prélevé
l'échantillon dont j'ai donné l'analyse sous le n° 11 de
mon tableau.

D'après M. Babinski, qui a été chargé, il y a quelques
années, d'exécuter les premières recherches sur « A Dieu-
Vat », cette concession renferme de nombreux filons
appartenant aux différentes classes établies par l'auteur,
qui, comme je l'ai exposé précédemment, distingue deux

venues aurifères : l'une antérieure, et l'autre postérieure
à la formation de la Roche à Ravets (Cascajo).

Le plus important de ces filons, qui a enrichi deux
criques ayant produit pour plusieurs millions d'or alluvionnaire, se trouve à cheval sur la ligne séparatrice des
deux concessions d' « A Dieu-Vat » et de « Bonne-Aventure », cette dernière limitant « A Dieu-Vat » à l'Est. Il
est reconnu sur plusieurs centaines de mètres en direction, dont une partie sur « A Dieu-Vat », l'autre sur « Bonne-
Aventure », et a été atteint en profondeur à une vingtaine
de mètres au-dessous du niveau des eaux.

Sa direction est sensiblement Est-Ouest. C'est du reste
celle d'un grand soulèvement voisin attesté en particulier par deux sauts très importants, l'un dans la rivière
de Sinnamary, le saut Vata, l'autre dans le Courcibo, le
saut Taparoubo. On peut dire en thèse générale, que la
direction dominante des filons de la région, tant à « A
Dieu-Vat » qu'à « Bonne-Aventure », est Est-Ouest.

Le filon principal plonge de 85° au Nord. Sa puissance
moyenne est de 1 mètre environ. On y trouve, comme à
Saint-Elie, les types de quartz les plus variés. Comme à
Saint-Elie aussi les quartz blancs gras sont généralement
stériles ; les types les mieux minéralisés sont constitués
par des quartz blancs saccharoïdes et des quartz colorés,
violacés, rougeâtres et bleuâtres. Comme à Saint-Elie
enfin, l'or est le plus souvent très fin, intimement mélangé
à la pâte du quartz.

En profondeur, le filon a été atteint, nettement encaissé
dans la roche primitive en place. Cette roche est une
diorite qui, dans le voisinage des filons, devient schisteuse
par l'alignement de l'amphibole et passe alors à une
véritable amphibolite. Le filon y devient plus pyriteux,
et les pyrites ont accusé à l'essai des teneurs en or très
élevées.

On voit clairement ressortir de cette description le

rapport intime qui existe entre ce filon et la diorite : c'est en réalité un gite de contact entre micaschiste et diorite.

Essai de broyage de quartz dans le bassin de l'Orapu. — Un autre essai d'exploitation filonienne, qui n'a échoué que par suite de moyens tout à fait insuffisants dont disposait l'ingénieur qui l'avait entrepris, est l'exploitation tentée par M. Moufflet sur un gisement quartzeux affleurant dans la Crique Blanche, affluent de l'Orapu, rivière navigable par chaloupes à vapeur et réunie à Cayenne par un arroyo, navigable aussi à marée haute.

M. Moufflet, qui a été pendant plusieurs années directeur du placer « Dieu-Merci », et qui a laissé en Guyane le souvenir d'un homme aussi énergique que capable, avait installé sur les lieux une petite batterie de prospection de trois pilons, qui lui a donné des rendements de plus d'une once à la tonne. L'entreprise a été arrêtée, comme je l'ai dit, faute de moyens suffisants pour la conduire et n'a pas été reprise depuis. Les capitaux locaux, surtout depuis la découverte du Carsewène (Territoire Contesté Franco-Brésilien), se risquent de préférence sur les affaires de placers, pour l'exploitation desquels il existe un personnel de prospecteurs tout formé, tandis qu'il n'y a actuellement en Guyane, sauf deux ou trois exceptions, absolument personne qui ait une connaissance même approximative du traitement des quartz aurifères par les procédés mécaniques modernes.

Filons du Carsewène. — Dans le Contesté Franco-Brésilien, M' M. Bernard a pu, au cours de son voyage de 1896, découvrir un certain nombre de filons aurifères, s'assurer de leur continuité et vérifier la teneur d'un certain nombre d'échantillons. L'or est assez rarement visible, bien qu'on puisse trouver des échantillons qui contiennent des paillettes. Les teneurs varient de 0 à 50 grammes à la tonne.

Tous les filons de granulite se sont montrés aurifères, et ce sont eux qui ont amené le remarquable enrichissement de certaines criques. La richesse moyenne paraît osciller autour de 40 grammes par tonne. Dans le seul filon que M. Bernard ait pu étudier d'une éponte à l'autre (il avait 8 mètres de puissance), il a pu constater que la teneur était presque constante. La terre qui jalonne les affleurements, prise à 1 mètre de profondeur, s'est trouvée riche sur plusieurs centaines de mètres, avec une teneur en or non roulé de 40 à 80 francs par mètre cube.

Toutes les criques aurifères de cette région sortent des zones contenant des filons de granulite ; ces grandes cassures jouent un rôle capital dans le drainage et l'emmagasinement des eaux d'hiver, et, grâce à elles, le lavage des sables est assuré pendant toute la saison sèche.

Avenir de la région. — Les filons du Carsewène sont encore intacts et se présentent comme très intéressants ; ils ont un amont-pendage disponible qu'on peut évaluer à 120 mètres en moyenne au-dessus du niveau des eaux.

CONCLUSIONS.

On peut dégager de ce qui précède relativement à la formation des gisements de quartz aurifère de la Guyane les traits caractéristiques suivants, qu'il importe de bien mettre en lumière.

I. — *Caractères stratigraphiques.* — Tout d'abord le mode même de formation de ces gîtes, interstratifiés dans les micaschistes ou dans les gneiss, fait ressortir l'importance des études stratigraphiques pour la découverte des gisements aurifères quartzeux primitifs. C'est dans les zones de contact, où les roches feuilletées ont été redressées par le granite ou par la syénite fondamentale, que doivent apparaître de préférence ces filons-couches. Nous avons déjà vu que c'étaient ces mêmes zones qui constituent le terrain d'élection des placers, ce qui n'a d'ailleurs rien que de très naturel, puisque ces derniers dépendent étroitement de l'érosion des formations aurifères primitives. Il importe donc de relever soigneusement toutes les indications relatives au pendage et à la direction des roches stratifiées qui servent de bed-rock à l'immense majorité des placers guyanais, d'y noter l'ordre, le nombre, la puissance et le mode de succession des couches quartzeuses qu'elles renferment, afin de pouvoir sur d'autres points établir une corrélation entre ces divers éléments. qui ont été jusqu'à ce jour complètement négligés.

II. — *Relation du quartz aurifère avec la diorite.* — Je crois avoir suffisamment insisté, dans ce qui précède, sur l'influence enrichissante des épanchements dioritiques sur les quartz adjacents pour me contenter ici d'un simple rappel de cette observation capitale. La conséquence naturelle qui en résulte est la localisation des affleurements de quartz aurifère dans le voisinage des pointements de roches vertes.

De la formation des placers aurifères. — Examinons, maintenant que nous avons une connaissance générale de la formation aurifère guyanaise, quels sont les caractères des placers de cette contrée et quelles sont les relations qui existent entre les zones aurifères et les dépôts alluvionnaires résultant de leur érosion. Il est nécessaire d'en dire quelques mots, afin de bien établir la relation étroite que j'ai fait pressentir entre l'or alluvionnaire et les gisements primitifs du métal précieux.

De l'entraînement de l'or. — Contrairement à l'opinion généralement répandue chez les prospecteurs guyanais, l'or gros, en grains et pépites, le seul dont ils s'occupent, n'a pas été entraîné par les agents d'érosion à une grande distance de son gisement primitif. Il en est au contraire très voisin, et on peut même assurer, en ce qui concerne surtout les pépites, que ces matières n'ont pour ainsi dire pas subi de déplacement depuis l'époque de leur libération de la roche encaissante.

L'opinion de la majorité des placériens guyanais — opinion qui se retrouve d'ailleurs dans tous les pays à placers incomplètement explorés — est que l'or, arraché aux flancs de montagnes prodigieusement riches, qui, naturellement, se trouvent toujours dans la partie inconnue de la contrée, a été entraîné par les eaux et est venu enrichir plus ou moins fortuitement les vallées situées en aval de cet Eldorado.

En Guyane, ce sont les monts Tumuc-Humac, formant la chaîne séparative entre le bassin littoral des Guyanes et celui de l'Amazone, qui jouent ce rôle providentiel. Crevaux, le premier Européen qui ait donné sur la chaîne des Tumuc-Humac des renseignements dignes de foi, parle déjà de la richesse en or des alluvions qu'elle renferme, mais simplement sous forme de renseignements et sans données précises à l'appui de son dire. Mais, comme on le sait, ce sont surtout les indications vagues et incertaines qui, dans les pays à placers, sont assurées de plaire aux chercheurs d'or, toujours à l'affût de la découverte qui les enrichira.

Dès 1874 un rapport inséré au *Journal officiel* se faisait l'écho de cette opinion (*) :

« Si l'on remarque que toutes les rivières de la
« Guyane semblent avoir une origine commune vers
« laquelle convergent leurs sources, il est permis d'ad-
« mettre que, sous l'influence d'un vaste soulèvement du

(*) *Journal officiel*, 20 et 22 Juin 1874 : *les Placers de la Guyane Française*, par M. G. DE LA BOUGLISE.

« Continent Américain, les mers intérieures se sont frayé
« une large ouverture dans les monts Tumuc-Humac et
« se sont précipitées sur le sol de la Guyane, en entraî-
« nant dans un courant immense ces montagnes broyées
« et accumulant leurs débris sur une énorme étendue.
« Mais espérons qu'un jour viendra où le géologue ira
« frapper de son marteau les crêtes des monts Tumuc-
« Humac. Ce jour-là, l'hypothèse deviendra peut-être
« une vérité, et la recherche des gisements métalliques
« sortira de la période des tâtonnements obscurs pour
« entrer dans la voie féconde des efforts éclairés par la
« théorie. »

En fait, au Tumuc-Humac comme ailleurs, je le répète,
l'or alluvionnaire ne se trouve jamais entraîné, surtout
lorsqu'il est gros — et c'est exclusivement l'or gros que
les Guyanais recherchent — à une grande distance du
gisement primitif. J'appelle grande distance celles qui
dépassent 5 à 6 kilomètres. L'or moyen et surtout l'or
fin sont au contraire facilement entraînés à des distances
beaucoup plus grandes.

J'ai d'autant plus de raison d'être affirmatif sur ce
point que le but que j'ai poursuivi en Guyane était surtout d'appliquer des moyens mécaniques aux parties considérées comme pauvres des placers, parties généralement privées de pente, ne contenant que de l'or fin,
inexploitables en un mot par les procédés actuels.

J'ai donc eu l'occasion de me livrer à de nombreux
sondages vers l'aval de placers ayant donné de grandes
richesses à leur tête et de me rendre compte, par conséquent, de la loi de décroissance de la richesse en or à
mesure qu'on s'éloigne de la formation aurifère primitive. On trouvera au Chapitre II, au cours de la monographie de divers placers, des preuves évidentes de
cette répartition. L'or gros est toujours localisé sur une
longueur restreinte.

Il résulte de cette constatation que, pratiquement parlant, la région des placers ne fait qu'un avec les zônes
caractérisées par les formations aurifères primitives, formations dont j'ai établi plus haut les éléments fonda-
mentaux.

Ceci dit, il est maintenant nécessaire d'exposer les
traits particuliers que présentent les placers guyanais
et de bien faire voir notamment le rôle qu'ont joué dans
leur formation les divers éléments constitutifs des zones
aurifères, gneiss et micaschistes, couches de quartz
interstratifiées, diorites et Roches à Ravets.

De la couche alluvionnaire de quartz. — Tout
d'abord, un fait général tout à fait caractéristique et qui
a été reconnu sans exception par tous les observateurs
qui ont étudié le pays, c'est la présence, on peut dire
presque continue, sur toute la région de la Guyane recouverte par des alluvions quaternaires ou modernes, d'une
couche détritique de quartz blanc, peu roulé, d'épaisseur
variable, qui se rencontre non seulement dans les vallées
actuelles, mais même sur des points qui, à première vue,
se trouvent situés hors de la portée des eaux sédimen-
taires de notre époque.

La profondeur de cette couche au-dessous du sol actuel
varie de 2 mètres et au delà à quelques centimètres
seulement ; parfois même elle affleure directement à la
surface. Elle est recouverte tantôt d'argile pure grise ou
jaune, tantôt d'argile mêlé de cailloux ; mais ces derniers
sont de nature différente de ceux qui se trouvent dans
l'alluvion aurifère et peuvent être des débris de schistes,
de granite, de gneiss, etc., tandis que ce qu'on désigne
en Guyane sous le nom de « la couche » est composé de
quartz blanc presque sans mélange.

Distribution de cette couche. — On trouve par exemple
la couche sous toutes les terres moyennes et basses de
la Guyane, notamment sous toute la région des Savanes

où elle passe même parfois, en se rapprochant de la mer, à un véritable sable blanc. Dès qu'on remonte au contraire sur les premiers contreforts, la couche se localise dans le voisinage des thalwegs; enfin, dans la région des placers, elle est strictement limitée à la largeur de la vallée actuelle.

La contemporanéité de la couche aurifère et des quartz et sables blancs qui forment le sous-sol des terres basses est donc nettement établie et nous reporte au début de la période quaternaire, époque à laquelle les érosions puissantes auxquelles a été soumis l'ensemble du pays ont détruit toutes les roches autres que le quartz, que sa dureté a préservé d'une disparition complète, tandis que les autres matériaux ont contribué à la formation des vastes estuaires et des plages vaseuses qui prolongent au loin sous la mer les terres alluvionnaires des Guyanes.

La couche existe dans le lit des rivières actuelles. — Il suit de là que les rivières actuelles de la Guyane coulent toutes sur la couche en question. Il est facile de s'en convaincre dans n'importe quelle rivière, grande ou petite, où l'on se trouve. Le phénomène est parfois caché par des bancs de sable ou de gravier récents, que la rivière charrie; mais, ces causes perturbatrices mises à part, on retrouve immédiatement, simplement en sondant avec une barre à mine ou une simple perche, la couche quartzeuse au fond des rivières. C'est en un mot, comme on le voit, un phénomène qui, par sa généralité et par sa constance, décèle une action puissante et continue, exercée pendant une durée prolongée, sur les terrains anciens qui forment exclusivement le sol de la Guyane.

La couche repose sur la glaise. — Une autre caractéristique très importante de la « couche », c'est qu'elle repose, tant dans les régions où elle est aurifère que dans celle où elle est stérile, sur une couche de glaise d'une couleur et d'un aspect particuliers, au-dessous de laquelle elle ne se prolonge pas.

Tous les prospecteurs guyanais connaisssent parfaitement cette circonstance et, dans leurs trous de prospection, dès qu'ils arrivent à cette glaise, dès qu'ils ont « touché », suivant leur expression pittoresque, ils arrêtent immédiatement le sondage en recueillant soigneusement les derniers centimètres de la couche en contact immédiat avec la glaise, ainsi qu'une épaisseur de 5 à 10 centimètres de cette dernière ; ces deux parties constituant la portion la plus riche de l'alluvion. Ils ne foncent jamais au dessous, et les nombreux sondages que j'ai opérés à travers cette couche de glaise m'ont prouvé qu'ils avaient parfaitement raison d'agir ainsi.

Il semble en effet à première vue, et c'est l'impression qui ressort immédiatement de la lecture des documents antérieurement publiés sur la Guyane, que les placers exploités jusqu'à présent pouvaient n'avoir pas atteint le bed-rock véritable, et qu'il fallait approfondir les sondages jusqu'à ce qu'on rencontre le fond solide sur lequel, selon toute probabilité, devait se trouver une couche de richesse supérieure.

La règle est en effet, comme on le sait, que le bed-rock, le lit effectif du placer, la roche encaissante en un mot, soit toujours, comme son nom classique de *bed-rock* l'indique, une formation solide, schisteuse ou granitique, suivant la formation générale du pays.

C'est dans les interstices et dans les cavités de ce bed-rock que viennent se loger les pépites, d'où cette règle bien connue des exploitants de placers, de laver non seulement l'alluvion elle-même, mais encore les premiers centimètres du bed-rock proprement dit. Il arrive même souvent, surtout lorsque les feuillets d'un schiste disposé transversalement au cours de la vallée ont formé une série de *riffles* naturels, que l'exploitant a intérêt à faire sauter, même à la dynamite, plusieurs décimètres du bed-rock pour y recueillir les riches intrusions qui se sont logées dans les fentes.

Tant qu'on n'a pas atteint ce bed-rock caractéristique, on peut considérer les couches aurifères reposant sur de la glaise comme des couches intermédiaires et s'attendre par conséquent à de nouvelles découvertes en traversant cette argile interposée.

La glaise constitue un bed-rock véritable. — Dès les premiers sondages je me suis aperçu que tel n'était pas le cas pour la Guyane, et que la glaise était bien le véritable et unique bed-rock.

D'ailleurs, en analysant de plus près le mode de répartition de l'or dans le cas d'un faux fond glaiseux et dans celui d'un bed-rock véritable, glaiseux aussi, de la Guyane, il était facile de prévoir qu'aucune assimilation n'était possible dans les deux cas.

Caractères d'un bed-rock glaiseux. — Comment, en effet, se traduisent, au point de vue de leur formation initiale, les alternatives de graviers aurifères et de glaise stérile interposée, qui caractérisent les placers à niveaux aurifères multiples?

Evidemment par ce fait que les périodes d'érosions actives, caractérisées par des dépôts de graviers aurifères, ont alterné avec des époques de ralentissement, correspondant aux dépôts glaiseux. Il est clair, dans ces conditions, que les niveaux alterneront sans se pénétrer et que l'or contenu dans les couches supérieures viendra reposer, grâce au classement par densité, à la surface de la glaise antérieurement déposée, mais n'y pénétrera dans aucun cas, puisque par sa nature même l'argile ne présente aucune fissure susceptible de donner passage à l'or. Si même on objecte, ce qu'on a essayé de faire, que l'or a pu descendre grâce à sa densité à travers le faux bed-rock vaseux, ce serait peut-être admissible ou, tout au moins, discutable pour les pépites d'un poids important, mais pas pour de l'or fin. Il y aurait alors dans cette pénétration par gravité un classement des pépites par ordre de grosseur. En fait, dans tous les placers à plusieurs niveaux aurifères que j'ai eu l'occasion de voir dans ma carrière, la séparation est absolument nette, et la stérilité de la glaise complète.

SOUDAGE DU PLACER BLAGOVIESTCHENSK (TRANSBAÏKALIE).

DATE	NATURE DU TERRAIN	NOMBRE de journées	ÉPAISSEUR du stérile	ÉPAISSEUR	POIDS de la prise d'essai	POIDS D'OR obtenu	TENEUR au mètre cube (2.000 kilog.)
1896 Mai	Epaisseur du stérile enlevé 46 Tchet. = 8m,18..........	49	8m,18	8m,35	81kg,903	0gr,022	0gr,542
	Alluvion jaune avec petits cailloux			8 ,53	81 ,903	0 ,022	0 ,542
	— —			8 ,71	81 ,903	traces	
18	— —	8		8 ,89	81 ,903	0 ,022	0 ,542
19	— avec cailloux roulés	9		9 ,07	81 ,903	0 ,044	1 ,084
	— —			9 ,24	81 ,903	0 ,044	1 ,084
	— —			9 ,42	81 ,903	0 ,044	1 ,084
	— —			9 ,60	81 ,903	0 ,044	1 ,084
20	— —	9		9 ,78	81 ,903	0 ,110	2 ,710
	— —			9 ,95	81 ,903	0 ,022	0 ,542
	— —			10 ,13	81 ,903	0 ,022	0 ,542
	— —			10 ,31	81 ,903	traces	
	— —			10 ,49	81 ,903	»	
	Glaise épaisse................			10 ,66	81 ,903	»	
	—			10 ,84	81 ,903	»	
21	—	9		11 ,02	81 ,903	»	
	Alluvion avec petits cailloux roulés			11 ,20	81 ,903	0 ,022	0 ,542
	—			11 ,38	81 ,903	0 ,133	3 ,252
22	—	13		11 ,55	81 ,903	0 ,222	5 ,418
	Cailloux anguleux, non roulés...			11 ,73	81 ,903	0 ,777	18 ,966
	— ...			11 ,91	81 ,903	5 ,065	123 ,548
	Gros cailloux roulés..........	1		12 ,09	81 ,903	3 ,332	81 ,282
23	Cailloux menus sans glaise.....	17		12 ,27	81 ,903	1 ,866	45 ,518
	Bed-rock (Potchva)............			12 ,45	81 ,903	0 ,133	3 ,252
	TOTAL............	115	8m,18	12m,45	1.965kg	11gr,946	290gr,634

	PUISSANCE	TENEUR par mètre cube
Teneur globale des deux couches réunies en y comprenant la couche d'argile interposée entre les deux niveaux aurifères................	4m,27	12gr,318
Teneur moyenne de la couche supérieure.....................	1 ,95	0 ,975
Teneur moyenne de la couche inférieure.....................	1 ,45	35 ,222

Le tableau ci-dessus donne un exemple frappant de ce phénomène, que j'emprunte à une série de travaux de sondage qui ont été récemment exécutés par mon ordre dans un grand placer de la Transbaïkalie, où les exploitants trompés par les apparences s'étaient arrêtés sur un faux fond de glaise, sur lequel repose la couche aurifère superficielle, unique niveau qu'ils aient exploité jusqu'à ce jour.

On voit que la séparation entre la couche aurifère et le bed-rock est nette, la teneur tombe brusquement. Il n'en est pas de même en Guyane, où le bed-rock glaiseux qui forme le fond des placers est constamment enrichi par la présence des pépites et de grains d'or. C'est un fait si bien établi que les prospecteurs ne manquent jamais, comme je l'ai expliqué plus haut, après qu'ils ont « touché » la glaise, d'en prélever soigneusement une certaine épaisseur qu'ils mélangent à la prise d'essai.

Nature de la glaise du bed-rock. — Cette glaise est de nature compacte, savonneuse, de couleur généralement gris bleu, ou verdâtre, parfois même complètement blanche ; onctueuse au toucher, elle ne contient généralement pas de cailloux roulés dans son sein. Elle diffère complètement des argiles bariolées rouges et jaunes, qui forment, dans la majeure partie des cas, le terrain stérile surmontant la couche aurifère. On trouve fréquemment dans ces argiles de surface, que les mineurs guyanais désignent sous la dénomination générale de *déblai*, des cailloux roulés de toutes espèces et notamment des débris de schiste et de Roches à Ravets.

L'argile du bed-rock ne présente à sa surface aucune trace de stratification horizontale. Lorsqu'on y opère des sondages, on constate que sa texture compacte se modifie au fur et à mesure de l'approfondissement, en même temps que son aspect change par degrés insensibles. Les matières extraites du sondage prennent peu à peu une apparence rubanée qui se change bientôt après en texture schisteuse nettement caractérisée. En même temps le mica y devient apparent, et on se rend compte que le feuilletage de cette argile n'est autre que la stratification des schistes ou micaschistes qui lui ont donné naissance. En un mot le bed-rock glaiseux n'est autre chose que l'ancien bed-rock schisteux décomposé, grâce à la puissante influence des agents naturels sous ces climats tropicaux. L'or qu'on trouve en pépites ou en grains dans la glaise s'y est introduit à l'époque où ce bed-rock était encore rocheux et y est resté emprisonné après qu'il a été transformé en glaise. Les nombreux échantillons, compris sous les n°ˢ 70 à 80, de la collection que j'ai déposée à l'École des Mines montrent clairement la série des transformations que je viens d'indiquer.

De la « roche morte ». — Comme on doit s'y attendre, l'épaisseur des glaises à traverser, avant d'arriver à la roche non décomposée, augmente à mesure qu'on s'éloigne de la tête du placer : la faible pente de ces parties a empêché leur érosion ultérieure. Au contraire la caractéristique des têtes de placers est de posséder un bed-rock, non plus glaiseux, mais formé de ce que les mineurs locaux appellent de la *roche morte*. Comme son nom l'indique clairement, ce bed-rock n'est autre chose que du schiste à moitié décomposé, mais conservant encore assez de solidité pour laisser loger de l'or dans ses interstices. Aussi la règle sur les placers est-elle invariablement d'exploiter soigneusement cette « roche morte », qui s'abat facilement au pic sur une épaisseur de 15 à 20 centimètres, parfois davantage.

Relation entre la pente et la nature du bed-rock. — On peut dire, comme règle générale, que les portions des placers dans lesquelles la pente moyenne du bed-rock n'atteint pas 1 p. 100 possèdent sans doute aucun, un bed-rock de glaise. Des pentes de 1 à 3 p. 100 sont caractérisées par un bed-rock de roche morte. Au-delà enfin de cette pente déjà considérable, commence le régime des sauts, qui règne jusqu'à la naissance du placer et dans lequel la répartition de l'or, aussi bien que la nature du bed-rock, dépend de la composition des roches formant l'ossature montagneuse de la contrée. Dans le cas le plus général, c'est aux dépens de la Roche à Ravets que les eaux se sont frayé leur chemin, formant une série de cascades ou de marmites de géant. Souvent aussi, après avoir usé la couche superficielle de Roche à Ravets, elles sont venues se buter sur des obstacles, tels que schistes métamorphiques redressés, dykes de diorites, micaschistes quartzeux, etc., qui forment autant de chutes ou de cascades éminemment propres à la concentration de l'or gros sous forme de nids locaux. Le lit du cours d'eau ou mieux du torrent est généralement encombré dans cette zone des sources, par d'énormes blocs de Roches à Ravets amoncelés les uns sur les autres, qui rendent souvent difficile et onéreuse l'exploitation des nids aurifères de dimensions toujours limitées qui caractérisent cette région. C'est en tous cas un travail qui ne peut s'exécuter que par petits chantiers isolés et qui ne se prête en aucune façon à l'exploitation par moyens mécaniques.

Comme exemple de cette corrélation entre la pente moyenne du bed-rock et la nature du fond, je donne, Planche II, *fig.* 2 et suivantes, une série de coupes en travers du Placer Maripa (Bassin de l'Orapu), qui a donné lieu dans le temps à une exploitation très rémunératrice. J'y ai exécuté un grand nombre de sondages méthodiques, qui m'ont permis d'établir, d'une façon exacte et probante, son origine et son mode de formation. On en trouvera le plan d'ensemble avec l'indication des lignes de sondages, à la Planche VI, *fig.* 2.

L'ensemble de ces figures montre que la zône montagneuse contenait plusieurs poches riches, qui ont été exploitées déjà depuis longtemps. En aval de ces travaux, au sortir de la gorge étroite dans laquelle la rivière est enserrée jusqu'à son arrivée dans la plaine, son cours s'étale subitement dans une vallée ayant en moyenne 60 à 80 mètres de large. Il s'est formé à cet endroit, comme il était facile de le prévoir, un *enrichissement par épanouissement*, qui a donné lieu pendant plusieurs années à une exploitation extrêmement fructueuse, qui a rendu célèbre à cette époque le nom du Placer Maripa. Enfin les parties basses du placer, qui n'ont pu être exploitées jusqu'à présent à cause de la faiblesse de la pente, montrent que la richesse va rapidement en décroissant à mesure qu'on s'éloigne du point d'épanouissement. A 2 kilomètres du pied de la montagne, la couche ne contient plus que des traces d'or. La série de mes coupes en travers (Pl. VI. *fig.* 3 à 8), tout en confirmant ce que je viens de dire sur la nature du bed-rock, montre que ce dernier est formé de diorite, de schistes métamorphiques et de Roche à Ravets dans la région montagneuse ; de roche morte dans l'épanouissement ; de glaise blanche au delà.

Des conglomérats. — J'ai indiqué aussi sur ce plan la présence de conglomérats, dont il convient de dire ici quelques mots, parce que leur présence est fréquente dans les placers guyanais et que leur teneur en or est parfois suffisante pour permettre leur exploitation directe. Leur richesse est en tout cas un très bon indice quant à la présence probable de l'or dans la couche proprement dite, qui existe en contre-bas de leur niveau.

Ces conglomérats sont en effet d'anciens niveaux de la même rivière qui coule à l'heure actuelle, et les érosions, postérieures à leur formation, qui ont amené l'abaissement du thalweg de la vallée, ont naturellement concentré dans le fond de la rivière le métal précieux primitivement contenu dans la partie du conglomérat remaniée par les eaux.

Nature des conglomérats. — La dureté de ces conglomérats est généralement assez faible, le ciment ferrugineux qui réunit les cailloux roulés, principalement quartzeux, qui les constituent, n'étant lui-même pas très dur. A Maripa notamment ils ont été exploités avec profit par le propriétaire primitif du placer, simplement en les concassant avec des marteaux et en jetant les débris dans le sluice, qui achevait tant bien que mal le travail de désagrégation.

Ces conglomérats sont de formation relativement très récente. On en reconnaît les traces, étagées à plusieurs niveaux, sur le flanc des montagnes ; et parfois même, comme c'est le cas à Maripa, on en trouve en train de se former, déjà notablement durci et cimenté, dans le fond de la couche proprement dite, ainsi que ma coupe (Pl. II. *fig*. 7) le montre clairement.

Importance des conglomérats aurifères. — Je dois ajouter qu'il ne faudrait pas attribuer à ces conglomérats l'importance qui s'attache aux formations du même genre, mais plus anciennes, miocènes par exemple, dont l'exploitation se prête si bien à la méthode hydraulique et dont les gisements classiques en Californie, au Colorado, dans le Montana, sont bien connus de tout le monde. Je n'ai constaté nulle part en Guyane l'existence de ces conglomérats à une hauteur au-dessus du niveau actuel de la vallée, dépassant 5 à 6 mètres. En fait, ils ne forment que des lambeaux séparés, qui ne méritent pas, vu leurs faibles cubages respectifs, des installations coûteuses pour leur lavage. Les teneurs que j'ai constatées dans ces conglomérats sont parfois assez élevées et atteignent jusqu'à 4 et 5 grammes au mètre cube. Mais les teneurs inférieures à 1 gramme et demi ou 2 grammes sont les plus fréquentes.

Coupes géologiques générales par le Maroni et par le Contesté Franco-Brésilien. — Je n'insisterai pas ici sur la teneur des alluvions aurifères, c'est une question qui se trouvera mieux à sa place dans le Chapitre suivant, et je me contente, comme conclusion de cette étude d'ensemble, de donner deux coupes géologiques générales de la Guyane, faites : l'une par moi-même en suivant le cours du Maroni sur une longueur d'environ 250 kilomètres ; l'autre, que je dois à l'obligeance de M. Landes, Professeur de Sciences au Lycée de Saint-Pierre, qui vient d'exécuter un voyage dans le Territoire Contesté. Ces deux coupes, l'une et l'autre perpendiculaires à la direction de la côte, donnent une idée assez claire de la formation géologique que j'ai cherché à esquisser dans les lignes qui précèdent. Elles établissent nettement la position des gneiss, puis des micaschistes, et enfin des schistes talqueux ou ardoisiers au-dessus d'un substratum granitique et syénitique. La symétrie des zones aurifères et des placers par rapport aux affleurements de la roche fondamentale en ressort aussi bien clairement. Enfin le lien intime qui réunit les épanchements de diorite et de diabase avec la venue aurifère se manifeste aussi dans leur examen comparé.

Ces coupes sont reproduites à la Planche III, *fig*. 3 et 4, page 92.

CHAPITRE II.

EXPLOITATIONS AURIFÈRES ACTUELLES.

Exposé. — Je me propose, dans le présent Chapitre, d'exposer quelles sont les conditions actuelles dans lesquelles s'exécutent la recherche et l'exploitation des gisements aurifères en Guyane, laissant pour la dernière partie de ce travail tout ce qui est relatif aux améliorations à introduire dans ces méthodes. Il m'a paru que ces dernières considérations seraient mieux à leur place en les réunissant à l'examen des questions relatives à la main-d'œuvre et aux transports en Guyane, auxquelles elles se lient intimement.

Je me bornerai donc ici à résumer les conditions dans lesquelles se trouvent actuellement placées les exploitations d'or en Guyane.

En fait, je n'aurai à m'occuper que des exploitations alluvionnaires, puisque ce sont les seules sur lesquelles, sauf une exception unique, que j'ai signalée plus haut, s'opère actuellement l'extraction de l'or. Nous avons vu, en effet, que les travaux préparatoires exécutés par la Cie de Saint-Elie sur le gisement de quartz aurifère d' « A Dieu-Vat » sont les seuls à signaler, pour le moment du moins, en Guyane Française. Tous les autres essais ont échoué soit par le défaut de personnel capable pour faire le montage, soit par l'insuffisance des travaux préparatoires qui ont empêché les pilons, une fois montés, d'être approvisionnés régulièrement de leur consommation journalière en minerai à bocarder.

Il est indéniable pourtant qu'il y a quelque chose à faire et que l'état de stagnation actuel ne sera pas de longue durée. Il suffirait d'ailleurs que les travaux intéressants en cours, comme ceux d' « A Dieu-Vat », ou que les études sur la Roche à Ravets et sur les pyrites aurifères soient couronnés de succès, pour voir immédiatement changer la face des choses.

On peut dire d'ailleurs en thèse générale, et conformément à l'évolution normale des pays à placers, que le moyen le plus sûr de mettre en valeur les gisements primitifs de l'or est de créer la possibilité d'exploiter économiquement les alluvions considérées jusqu'ici comme trop pauvres et d'ouvrir de nouvelles régions à la prospection méthodique des zones aurifères encore inconnues. Le reste viendra de lui-même.

Bornons-nous donc pour le moment à examiner les conditions actuelles de l'exploitation des alluvions aurifères en Guyane Française.

Il y a deux points à examiner :

I. — Les recherches;

II. — L'exploitation proprement dite.

I. — DES RECHERCHES.

Des prospecteurs guyanais. — Tout le monde est *chercheur d'or* en Guyane, soit pour son propre compte, soit pour le compte d'autrui, et souvent on cumule ces deux conditions. Les chercheurs individuels, désignés sous le nom générique de *maraudeurs*, se mettent en campagne de préférence à l'entrée de la belle saison. Ils attendent en tous cas que le niveau des eaux dans les rivières rende le passage des sauts moins difficile.

C'est à l'époque des eaux moyennes que les circonstances sont pour eux les plus favorables ; car les très grandes eaux comme l'étiage sont également à éviter. Les rivières étant en effet l'unique moyen de pénétration dans l'intérieur — et quel moyen ! — il importe de profiter des niveaux convenables pour pouvoir franchir les sauts sans avoir à pratiquer trop fréquemment l'opération du transbordement à dos d'homme, qui s'impose presque à chaque rapide quand les eaux sont basses.

D'autre part, il faut pouvoir remonter le courant à la pagaye ou au *takari*, sorte de longue perche en bois dont les nègres boshs se servent avec beaucoup d'habileté pour pousser à bras leur canot à contre-courant.

D'après les constatations que j'ai faites à plusieurs reprises, on ne peut guère remonter de la sorte un courant ayant une vitesse supérieure à 1 *mètre par seconde :* aussi les transports sont-ils complètement interrompus à l'époque des hautes eaux et même, en certains points, par des eaux moyennes. Les embarcations en remonte rasent toujours les bords, se glissant parfois sous la voûte sombre des lianes, qui retombent en cascade sur la rivière. Souvent même les mariniers s'accrochent aux branches pour se haler sur elles dans les passages difficiles.

Des pirogues. — Les embarcations employées pour ce genre de transport sont parfaitement adaptées aux conditions spéciales de cette navigation. Ce sont des pirogues étroites et longues, creusées d'une seule pièce dans un tronc de « Ouapa » (*Tamarindus indica*), de grignon (*Mora excelsa*), une légumineuse qui donne des billes splendides, ou d'Angélique (*Nectandra Rodiœi*), construites avec beaucoup d'habileté par les nègres boshs. Ils en font de toutes les dimensions, depuis les esquifs légers, qui servent aux femmes à aller de la case aux abatis voisins, jusqu'aux pirogues destinées au transport de marchandises lourdes, qui atteignent jusqu'à 16 mètres de longueur. Je donne, Planche III, *fig.* 1, la coupe et le plan d'une pirogue dite de 10 barils, qui représente le type le plus couramment employé pour le ravitaillement des placers.

L'unité employée pour l'estimation de la jauge, aussi bien que pour le prix du fret, est le baril, qui représente en moyenne un poids de 100 kilogrammes. Tous les vivres montés au placer doivent être en effet soigneusement embarillés, afin d'éviter les avaries dans le cas fréquent de naufrage, ou tout au moins, de bain général de la cargaison, tant par suite des pluies incessantes qu'à cause des douches forcées qu'elle reçoit en cours de route.

La manœuvre de chaque embarcation exige, au minimum, deux hommes adultes ; le plus adroit des deux, assis à l'arrière, gouverne avec une large pagaie et aide son camarade en pagayant sans relâche ; ce dernier, debout sur l'avant avec sa pagaie ou son takari, fait avancer l'embarcation et, à la descente, veille sur la route à suivre au passage des rapides. C'est à ce moment que la navigation par pirogues présente un réel danger ; car, contrairement à leur manœuvre de montée, qui consiste à toujours raser les bords, les noirs descendent la rivière en suivant le fil de l'eau et franchissent hardiment les rapides en évitant habilement, d'un coup de pagaie donné au moment précis, les dangers dont les sauts fourmillent.

Le prix d'une pirogue de ce genre varie de 250 à 300 francs. Sa construction exige le travail de trois à quatre hommes pendant au moins une semaine. C'est par l'action directe du feu sur le bois encore tout imprégné de sève que les boshs parviennent à distendre les deux bords de l'embarcation en construction, embarcation dont le profil primitif, avant l'application du feu, est à peu près celui des trois quarts d'un cercle, qui se transforme, par une suite de distensions habiles en présence du feu, en un demi-cercle évasé.

Il faut avoir vu la solidité et la souplesse de ces embarcations, l'habileté avec laquelle on arrive à les faire circuler, toutes chargées, au milieu de rapides qui paraissent à première vue, absolument infranchissables, pour se rendre compte des services qu'elles rendent dans le ravitaillement des placers. C'est grâce à elles que vivres et gens peuvent pénétrer dans l'intérieur du pays et s'y livrer à l'exploitation de l'or. Mais il va sans dire aussi, que c'est là un moyen de communication coûteux et aléatoire.

Coût des transports par pirogues. — Les prix de transport dépendent non seulement de la distance et du nombre des rapides à franchir, c'est-à-dire, somme toute, du temps employé à faire le voyage, mais aussi — le nombre des pirogues disponibles étant limité — de l'offre et de la demande.

Sur le Maroni par exemple, on paie en temps normal pour aller de Saint-Laurent (rive française) ou d'Albina (rive hollandaise), point terminus de la navigation maritime, jusqu'au placer de Beïman-Creek (distance : 80 kilomètres, deux sauts à franchir) : 15 francs par baril, soit 150 francs par tonne.

Du même point de départ aux placers de l'Awa (distance : 250 kilomètres, quinze sauts à franchir) : 40 francs par baril, soit 400 francs par tonne.

Les ouvriers envoyés au placer paient comme un baril ou un baril et demi, suivant les cas. A la descente ils paient le tarif d'un demi-baril. Ce prix comprend pour les nègres convoyeurs leur nourriture, qui reste à leur charge pendant la durée du voyage; mais ils sont nourris aux frais du placer pendant le temps qu'ils y séjournent.

Ils reçoivent, en outre, une rémunération spéciale pour la descente de l'or, des placers à Albina. Il est inutile de dire que cet or, en vue d'un pareil voyage, est emballé d'une façon spéciale : à la boîte solidement cerclée qui le renferme, est fixée une longue ligne terminée par une forte bouée peinte en rouge, qui facilite le sauvetage en cas de naufrage dans les rapides. Cet accident n'est, d'ailleurs, pas aussi fréquent qu'on pourrait le croire à première vue avec de pareils moyens de transport. On n'a pas pu me donner d'exemple certain d'une perte de ce genre, lorsque toutes les précautions que je viens d'indiquer ont été prises ; nombreux sont, au contraire, les cas, surtout à l'époque de l'exode du Carsewène, où les chercheurs, revenant à Cayenne avec leur magot en poche, se sont noyés avec lui en voulant tenter, sans guide sûr, la descente des rapides.

Des expéditions de recherches. — Une expédition de prospection comporte généralement, quand elle est bien montée, 2 pirogues et un personnel de 7 à 8 hommes, y compris le chef.

On emporte des vivres pour six semaines ou deux mois ; c'est tout ce que les pirogues peuvent porter en sus du personnel. Ces vivres se composent principalement, si tous les membres de l'expédition sont des noirs, ce qui est le cas presque universel, de *couac* (manioc à demi torréfié), de riz, de *bacaliau* (sorte de morue fumée), d'un peu de lard et de tafia. Lorsqu'un ou plusieurs Européens font partie de l'expédition, on emporte de la farine ou du biscuit. On trouvera d'ailleurs plus loin des détails sur la ration normale des ouvriers de couleur sur les placers ; mais il est admis qu'en prospection — et les hommes sont payés en conséquence — on vivra surtout de privations pendant la durée des recherches. On emporte d'ailleurs des fusils et de la poudre, car il faut beaucoup compter sur la chasse pour assurer des vivres frais au personnel de l'expédition. C'est d'ailleurs un très mauvais calcul, car les hommes finissent par passer la majeure partie de la durée de leur engagement à se livrer, sous prétexte de famine, à la chasse des cochons sauvages, des pécaris, des agoutis, des hoccos, des iguanes et autres animaux plus ou moins mangeables, qui fourmillent dans les forêts.

En général, lorsque deux mois se sont écoulés après le départ de l'expédition, sans qu'elle ait donné signe de vie, en envoyant à Cayenne un peu d'or, on ne la ravitaille pas avec des provisions nouvelles, et les prospecteurs, n'ayant devant eux aucun vivre de réserve, redescendent à la côte. Si, au contraire, les nouvelles sont favorables et si on a reçu un peu d'or provenant des premières prospections, on envoie une ou deux pirogues pour le ravitaillement ; mais le fait, il faut le dire, n'est pas fréquent.

Des « rushes ». — C'est surtout à l'époque d'un « rush », c'est-à-dire d'inflammation générale de la population flottante des chercheurs d'or, pour une région nouvelle où un camarade heureux a fait un coup retentissant, que ces expéditions s'organisent par dizaines. Ce phénomène des « rushes », parfois si pittoresque, est commun à tous les placers d'un pays qui débute, mais il offre une intensité toute particulière en Guyane à cause des conditions spéciales dans lesquelles cette colonie se trouve placée.

La population totale de la colonie, non compris les effectifs pénitentiaires, ne dépasse pas en effet 28.000 habitants sur lesquels 12.000, presque la moitié, sont fixés à Cayenne. On comprend que, dans un pays aussi peu peuplé, les fluctuations subites de population qu'amènent les « rushes » sont plus sensibles que partout ailleurs et se répercutent plus directement encore sur l'état des affaires et sur la situation générale de la colonie.

Rush de l'Awa. — Plusieurs de ces exodes sont restés célèbres : celui de l'Awa en 1889 entre autres. A cette époque, toute la région aurifère désignée sous ce nom et qui comprend le grand angle formé par le Tapanahoni et l'Awa, formait un territoire contesté entre la France et la Hollande, territoire qui a d'ailleurs été attribué à cette dernière par l'arbitrage définitif de Sa Majesté Alexandre III.

En principe, les chercheurs d'or ont une préférence marquée pour les régions de nationalité incertaine. On y est plus à l'aise pour travailler ; les formalités pour l'obtention du droit d'exploiter un terrain se réduisent au strict minimum, c'est-à-dire au fait de son occupation continue par celui qui l'exploite ; il n'y a à payer aucun droit d'extraction pour l'or, et, quant aux droits de douane, on s'en passe aussi. C'est, sans jeu de mots, l'âge d'or pour les prospecteurs. Il y a bien quelques ombres au tableau : il n'est souvent pas facile de faire respecter par un voisin audacieux, servi par de forts biceps, le canal d'amenée d'eau au moyen duquel on peut laver le lopin qu'on s'est personnellement réservé ; la poudre d'or recueillie n'est pas toujours à l'abri d'un coup de main. Ce sont pourtant là des inconvénients secondaires, car il s'établit aussitôt des usages, qui ont force de loi dans le camp minier improvisé et que tout le monde respecte sans qu'il soit nécessaire de contrainte, par suite du besoin impérieux et inné d'une règle tutélaire quelconque.

En quelques mois, les terrains de l'Awa reçurent tant de Surinam que de Cayenne une population de 5.000 à 6.000 noirs, qui s'établirent sur les terrains exploités actuellement par la « Société Française des Placers de la Guyane Hollandaise ». Le ravitaillement s'opérait par le Maroni, et les choses marchèrent à souhait pendant un certain temps. Les négociants des deux capitales ravitaillaient les placers avec des marchandises en transit, qui par conséquent ne payaient aucun droit de douane ni d'octroi de mer. C'est même ce manque de perception des droits de douane qui réveilla la question de principe au point de vue de la nationalité même du territoire contesté. Entre temps, comme les deux nations se trouvaient vis-à-vis l'une de l'autre dans la situation où nous sommes actuellement vis-à-vis du Brésil, elles décidèrent d'un commun accord d'arrêter complètement, jusqu'après règlement de l'arbitrage, toute exploitation aurifère sur l'Awa, par le moyen simple et efficace de la famine, c'est-à-dire par la suppression complète de tout ravitaillement par la voie du Maroni. Ce moyen réussit parfaitement.

Le prix des vivres, sur les placers illicitement exploités de l'Awa, s'éleva aussitôt dans des proportions fantastiques. Les exploitants rendus sur place ne quittèrent les lieux qu'après avoir dévoré leur dernière mesure de couac, et seuls quelques hardis marcheurs, qui avaient reconnu la possibilité de se rendre par terre de Cayenne à l'Awa en remontant l'Approuague, rivière située au Sud de Cayenne, continuèrent encore pendant quelque temps leurs exploitations clandestines. Ce fut même le seul résultat avantageux de cette période de désordres. On sait maintenant qu'il est facile de passer du bassin de l'Approuague dans celui de la Crique Inini, grand affluent situé sur la rive droite de l'Awa et débouchant dans ce fleuve presqu'en face des territoires aurifères situés sur la rive hollandaise. C'était la route du ravitaillement par terre.

Rush du Contesté. — Un exode plus récent et qui, par son importance minière, autant que par la question de droit international qu'il soulève, mérite d'être mentionné ici, est celui dit du « Carsewène », nom du cours d'eau par lequel on se rend sur les gisements aurifères découverts récemment sur ce territoire.

On sait qu'il est revendiqué à la fois par la France et par le Brésil et que le règlement de cette question est soumis en ce moment à l'arbitrage de M. le Président de la Confédération Helvétique.

A l'origine, la limite méridionale de la Guyane Française était formée par les Amazones. Le traité d'Utrecht (11 Avril 1713), en réservant exclusivement au Portugal la navigation de ce fleuve, céda à la même puissance la propriété des terres dites du Cap Nord, situées entre la

rivière des Amazones et celle du Yapoc ou de Vincent-
Pinçon, et fixa la limite des Guyanes Française et Por-
tugaise à la rivière de Vincent-Pinçon. Depuis lors, la
détermination de cette limite a été un objet de contestation
entre la France et le Portugal : la Cour de Lisbonne pré-
tendant confondre la rivière de Yapoc ou de Vincent-
Pinçon (qui a son embouchure près du Cap Nord vers 1°,55
de latitude Nord) avec la rivière d'Oyapok (qui a la
sienne près du cap d'Orange par 4° 15' de latitude Nord
et qui se trouve de 200 kilomètres plus rapprochée de
Cayenne que la première). Le traité conclu à Madrid
le 29 Septembre 1801 fixa la frontière des deux colonies
limitrophes à la rivière Carapanatuba, par 0° 10' de latitude
Nord, et le traité d'Amiens, tout en reportant cette limite
plus au Nord, lui fit suivre le cours de l'Araguari, dont
l'embouchure est au Sud du cap Nord par 0° 15' de latitude
septentrionale. Quoi qu'il en soit, aux termes de l'article 107
du traité de Vienne (9 Juin 1815) et par une convention
passée à Paris le 28 Août 1817 pour l'exécution provi-
soire des stipulations de cet article, la Guyane Française
fut remise à la France jusqu'à l'Oyapok seulement, sauf
la décision qui est actuellement pendante devant l'ar-
bitre qui a été indiqué plus haut.

On trouvera à la Planche III, *fig.* 2, un croquis d'ensemble de la région aurifère du Territoire Contesté Franco-
Brésilien, que je dois à l'obligeance de M. Landes. Les
instructions ministérielles que j'avais reçues m'enga-
geaient, pour éviter la possibilité de toute difficulté, à ne
pas me rendre en personne sur ce Territoire, bien que la
sécurité des gens y soit complètement assurée et qu'on
rencontre tous les jours à Cayenne des placériens qui vont
et viennent librement du Contesté en Guyane Française, et
réciproquement.

Les exploitations aurifères sans titre authentique dans
le Contesté, sont d'ailleurs en décroissance notable depuis

deux ans. L'absence de toute réglementation minière en est la cause principale, et, comme il n'est pas possible d'établir sur le Carsewène, comme on l'avait fait sur le Maroni, une interdiction absolue de la navigation, il en résulte que le ravitaillement des placers par cette voie s'opère uniquement par des marchandises anglaises, américaines ou allemandes au détriment des nôtres, puisque nous nous sommes interdits de faire dans ces contrées acte quelconque de souveraineté ou de police. Le commerce guyanais se plaint vivement, et à juste titre, de la situation qui lui est ainsi faite, et il est temps qu'un prompt arbitrage vienne régler définitivement cette question.

Notions sur le Contesté Franco-Brésilien. — Le Nord du Contesté Franco-Brésilien comprend plusieurs chaines de montagnes, notamment la grande chaine dirigée N.-E. — S.-O., qui sépare la série des petits fleuves tels que le Carsewène, le Counani, etc., du bassin de l'Oyapock. Cette région montagneuse forme le sommet du triangle découpé au Nord par l'Oyapok, à l'Est par l'Océan Atlantique, et au Sud par le cours de l'Araguari, qui par conséquent remonte prendre sa source dans le même massif montagneux qui donne naissance à l'Oyapck, contrairement aux tracés qui figurent sur les cartes fort inexactes publiées jusqu'ici sur cette région. C'est là que se trouve la région des placers du Contesté. C'est celle sur laquelle se sont portés de préférence les prospecteurs français venus de Cayenne.

Au sud de l'Araguari, la configuration du pays change; on y trouve de vastes plaines ou savanes, dans lesquelles les métis indiens se livrent déjà depuis longtemps à l'élevage des bêtes à cornes. C'est un pays dont les ressources sont essentiellement agricoles.

Les deux premiers prospecteurs du Carsewène, qui sont de nationalité française, descendirent à Cayenne, après deux mois à peine de séjour sur les lieux, avec respectivement 140 et 160 kilogrammes d'or. L'effet fut immédiat. Tous les prospecteurs valides partirent à tout prix pour le Contesté ; on acheta en hâte des pirogues pour remonter le fleuve ; chaque jour on voyait une nouvelle expédition s'organiser : les magasins de Cayenne firent en peu de mois des affaires considérables, dont le contre-coup se fit immédiatement sentir sur le montant des droits de douane prélevés à l'importation. Voici un tableau instructif à cet égard :

TABLEAU DES DROITS DE DOUANE PRÉLEVÉS A CAYENNE
SUR LES MARCHANDISES IMPORTÉES DE 1887 A 1896 INCLUSIVEMENT.

ANNÉES	MONTANT DES DROITS PERÇUS	OBSERVATIONS
	Francs.	Les chiffres ronds sont ceux des prévisions budgétaires ; les chiffres rompus, les recettes realisées.
1887.........	287.704.95	
1888.........	301.000	
1889.........	337.228 47	
1890 (*)......	**511.800**	
1891.........	335.000	
1892.........	372.304.20	
1893 (**).....	**567.881.74**	
1894.........	276.000	
1895.........	270.000	
1896.........	276.000	

(*) En 1889-1890, Rush de l'Awa.
(**) En 1893, Rush du Carsewène.

Les autres colonies antillaises participèrent aussi au mouvement ; notamment les noirs des Barbades et de Sainte-Lucie. Il en vint aussi de la Martinique et de la Guadeloupe, de sorte qu'il y eut un moment, vers la fin de 1894, où on put estimer la population flottante de placériens dans le Contesté à plus de 6.000 individus. Mais le nombre de ceux qui essayèrent de s'y rendre fut certainement plus grand encore, car le défaut d'organisation des moyens de transport, les dangers que présentait la remonte, surtout dans les premiers temps, où on empruntait pour se rendre aux placers la voie du Counani, eurent pour résultat que beaucoup périrent en route.

Mais c'est surtout parmi ceux qui étaient enfin arrivés sur les placers que les privations, le manque presque complet de nourriture, — dont tous ceux, sans exception, qui sont montés au Carsewène ont eu à souffrir, — ont produit le plus de ravages parmi les gens qui ont participé à ce « rush » mémorable. Je me suis entretenu avec un assez grand nombre de revenants du Carsewène, et toujours la note a été la même. Tous parlent de l'époque pendant laquelle ils se sont trouvés sur les placers avec une angoisse visible. Chacun sait cependant qu'en fait d'endurance, les prospecteurs d'or, à quelque nationalité qu'ils appartiennent, sous quelque climat qu'ils travaillent, sont une race que rien n'effraie (*).

Surface occupée par les travaux d'exploitation. — Ce qu'il y a de remarquable dans le « rush » du Carsewène, c'est la surface incroyablement restreinte sur laquelle se sont exclusivement concentrés les travaux. Il n'y a eu

----

(*) Des événements identiques, mais plus lamentables encore à cause du climat, se déroulent en ce moment même au Klondyke sur les frontières de la Colombie et de l'Alaska.

Le télégramme suivant indique bien les préoccupations qu'a fait naître aux Etats-Unis cette grave situation.

Drontheim (Norwège), 17 Décembre 1897: « Un envoyé du Gouverne-« ment des Etats-Unis est arrivé ici.

« Il a pour mission d'acheter 1.000 rennes et d'enrôler 100 hommes « destinés à former une expédition de secours, qui sera envoyée au « Klondyke, pour porter des vivres aux affamés.

La spéculation sur les transports par mer a fait remettre à flot des steamers condamnés. L'un d'eux, le *Helen W. Almy* a sombré avant d'être sorti de la baie de San Francisco. Les journaux de cette ville signalent plusieurs cas semblables à l'attention des pouvoirs publics. L'*Engineering and Mining Journal* (n° 14, 2 avril 1898) exprime le souhait qu'on ne laisse plus partir de steamers chargés de mineurs, destinés par avance à faire un trou dans l'eau (*a berth on the bottom of the Ocean*).

D'après l'enquête très approfondie de ce grand journal sur le Klondyke, la majeure partie des prospecteurs qui s'y rendent en ce moment, se compose de gens étrangers au métier et d'Australiens. Les Anglais et les Américains s'abstiennent. Les mineurs expérimentés estiment que les découvertes faites dans cette contrée ont été volontairement et considérablement exagérées.

en réalité que deux rivières de faible importance qui aient été l'objet de travaux suivis, et ces derniers ne se sont pas étendus dans chacune de ces vallées sur une longueur supérieure à quelques kilomètres, comme l'indique le croquis reproduit à la Planche IV, *fig.* 1, qui donne une idée d'ensemble des travaux du Carsewène, et que je dois à l'obligeance de M. Maurice Bernard, Ingénieur au Corps des Mines, dont j'ai résumé plus haut les travaux sur la géologie du Contesté ; ces deux rivières, dénommées l'une *l'Usine*, et l'autre la *Grande-Crique*, ont leur source commune sur la crête séparative du Carsewène à l'Est et de l'Yaoué à l'Ouest ; ce dernier, affluent de l'Oyapok.

Constatons, en passant, qu'on retrouve là la disposition favorite des placers, symétriquement disposés par rapport à une crête que j'ai signalée dans le Chapitre précédent.

Conditions du travail au Carsewène. — La vallée de l'Usine est celle dans laquelle on a trouvé la plus grande accumulation de richesses. C'est surtout au point de rencontre de la vallée principale avec l'affluent droit Onémark, — du nom de l'heureux prospecteur qui y a exécuté les premiers travaux, — que s'est trouvée concentrée la principale richesse. A cet endroit, les sluices des exploitants étaient presque en contact les uns avec les autres ; chacun se contentait de travailler sur la surface occupée par son propre appareil, en ne conservant pour se séparer du voisin qu'une mince cloison destinée à empêcher les eaux du chantier juxtaposé de pénétrer chez lui ; car chacun devait pourvoir, au moyen de seaux manœuvrés à bras d'hommes, à l'asséchement de son propre chantier.

L'eau sortant d'un sluice était immédiatement captée par le voisin limitrophe en aval, et la même opération se répétait jusqu'à l'endroit où, la pente du bed-rock devenant insuffisante, il était impossible d'assurer l'épuisement avec les moyens informes dont on disposait.

Au confluent même des deux vallées, on n'est jamais

arrivé, jusqu'à ce jour, à atteindre le fond de la couche ;
le dernier exploitant qui a travaillé dans cet endroit en
était arrivé à employer la main-d'œuvre dont il disposait
(plus de 60 coolies) à assécher le chantier depuis le lever
du jour jusqu'à deux heures de l'après-midi. Les travaux
sur les placers s'arrêtant habituellement à quatre heures, il
ne disposait en réalité que de deux heures de travail effectif
pour rémunérer son travail et ses risques et assurer le salaire
de ses hommes. Son opération s'est cependant soldée par un
bénéfice. Loin de diminuer, la teneur en or dans cet endroit
privilégié allait sans cesse en augmentant, d'où le nom
de « l'Usine », dont les prospecteurs, toujours enclins à
admettre le concours de la Providence dans leurs affaires,
avaient baptisé l'endroit. Seul, en effet, un miracle pouvait
leur expliquer ce fait paradoxal que, plus on retirait d'or
de cet endroit, plus on en trouvait.

La couche superficielle de déblai était, dans les vallées
du Carsewène, très faible, nulle même parfois, et des
témoins dignes de foi m'ont répété à plusieurs reprises
que, sur certains points privilégiés, on apercevait les
paillettes d'or, à même, dans le fouillis des racines super-
ficielles qui couvrent le sol des placers guyanais.

En fait, la majeure partie de ces travaux a été arrêtée
par le manque d'écoulement et par l'impossibilité, dans un
pays sans législation minière, d'exécuter un canal d'asséchement d'une certaine longueur, qui aurait facilement
desservi tous les travaux en amont, mais que personne n'a
pu entreprendre faute de moyens pour en assurer la conser-
vation et l'efficacité. Même difficulté pour les prises d'eau,
qui donnaient lieu à des détournements incessants de la part
de nouveaux venus peu scrupuleux, qui dérivaient à leur
profit, en faisant une saignée au canal d'amenée, l'eau
empruntée au cours d'eau voisin par un camarade industrieux, mais naïf. Les placériens qui travaillent actuellement au Carsewène s'adonnent surtout au relavage des

matières déjà traitées une fois. Nous verrons en effet plus loin, en décrivant la méthode du sluice volant adoptée dans toutes les Guyanes, qu'elle exige le relevage à jet de pelle des matières sortant du sluice ; de façon qu'après lavage le chantier présente deux sortes de digues parallèles, souvent fort élevées, composées uniquement de matières déjà lavées. Il est facile, comme on le comprend, même avec un écoulement médiocre ou nul, de reprendre au moins en partie ces matières déjà lavées une fois et de les traiter à nouveau par les mêmes procédés. C'est encore une industrie très rémunératrice, et le fait n'a rien d'étonnant, quand on songe aux conditions exceptionnellement onéreuses dans lesquelles s'est opéré le premier lavage. Il est évident qu'on ne pouvait, en pareille occurrence, s'attacher qu'à la récolte de l'or gros et que la perte dans les tailings ne devait pas être éloignée de la moitié de la teneur réelle des sables aurifères en place.

Même après ces relavages partiels, la reprise sur une grande échelle des tailings de l'Usine et de la Grande-Crique, au moyen du creusement préalable d'un canal de fuite, sera une excellente affaire. Les demandeurs en concession sont d'ailleurs nombreux déjà. Certains même, afin d'être bien sûrs de posséder la propriété non seulement des terrains privilégiés, mais encore de leur menue monnaie, qui existe encore sans aucun doute sous forme de placers adjacents dans leur voisinage, n'ont pas hésité à demander des surfaces variant entre 50.000 et 100.000 hectares. Afin de prévoir tous les cas, on a adressé ces requêtes simultanément aux deux Gouvernements qui revendiquent ce territoire. Il sera intéressant de voir comment la décision arbitrale, qui aura évidemment à régler ces questions de droits antérieurs, résoudra ce réseau de complications. Comme précédent, on peut citer dans l'arbitrage du Contesté Franco-Hollandais le règle-

7

ment de questions similaires, dans lequel on a pris pour base soit le fait des *beati possidentes* au moment où la décision a été prise, soit le fait de possession plus ou moins régulière, mais de bonne foi, antérieure audit règlement.

Désordres et abus sur ces placers. — Il s'était introduit vers la fin de la période brillante du Carsewène de tels abus dans le personnel ouvrier employé aux travaux, qu'ils ont contribué, pour une large part, à abréger la durée de cet exode. Inutile d'abord de dire que les contrats d'engagement les plus réguliers étaient lettre morte sur les placers : il faut constater malheureusement, ainsi qu'on le verra plus loin à propos de la question de main-d'œuvre, qu'en allant au fond des choses il en est pratiquement à peu près de même, par suite d'une appréciation juridique locale abusive, sur les placers de la Guyane Française, bien que cette colonie possède un régime minier qui, s'il présente quelques imperfections secondaires, ne constitue pas moins une législation très convenable pour un pays neuf.

Quoi qu'il en soit, il était devenu très difficile en débarquant au Carsewène de conserver ses ouvriers, même pendant la durée du voyage par terre, entre le dégrad des placers et ces derniers. On pouvait s'estimer heureux, lorsqu'on arrivait à garder son monde jusqu'au moment où on était parvenu à « rentrer ses vivres au fond », suivant l'expression consacrée, c'est-à-dire à assurer le transport des provisions apportées par canots, depuis le dégrad jusqu'aux placers. Quant à retenir ses ouvriers dans son chantier ou à les empêcher de chercher fortune pour leur compte, il n'y fallait pas songer : c'est au plus offrant qu'ils cédaient leurs bras. Indépendamment des pépites qu'ils volaient en cours de travail, ils avaient inventé une méthode de participation aux bénéfices qui ne manquait pas d'originalité. La voici :

« *La petite Marie* ». — La journée normale de travail sur les placers commence à sept heures du matin et finit à quatre heures du soir avec une heure de repos pour le repas de onze heures. A la fin de la journée on vide le sluice, on « lève » la production, et le chantier s'arrête jusqu'au lendemain matin. Telle est la formule ordinaire du travail.

Au Carsewène, aussitôt la production levée, commençait la « petite Marie ». Sous cet euphémisme féminin, on désignait l'exploitation — au profit seul des ouvriers, mais bien entendu avec le sluice du patron, — des sables aurifères. On ne s'arrêtait qu'à la nuit noire. La seule concession qu'on fit audit patron était de lui permettre de prendre une pelle comme les camarades et de partager, au prorata du nombre des pelleteurs, le produit du lavage supplémentaire. Il va sans dire que les parties exceptionnellement riches du chantier étaient, comme par hasard, malgré les objurgations du patron, réservées pour la « petite Marie ». Le dimanche, jour légalement férié d'après les contrats d'engagement sur les placers, la « petite Marie » commençait dès l'aube et durait jusqu'au coucher du soleil.

Comme toujours d'ailleurs, les bénéfices réalisés dans ces périodes de gains extraordinaires étaient aussitôt dépensés. Le prix des vivres atteignait des taux insensés : on vendait couramment la boite de sardines, 10 grammes d'or ; le litre de tafia, 25 grammes ; le mercure, poids pour poids avec la poudre d'or. C'est, somme toute, chez les cabaretiers improvisés que venait aboutir la récolte, et ce sont à peu près les seuls qui aient conservé des bénéfices bien réels de ce « rush » mémorable.

Rush de l'Approuague. — Pour conserver l'ordre chronologique dans cette description de la vie actuelle des placers guyanais, je dois dire qu'il se dessine en ce moment un vif mouvement d'attention vers la région du haut Approuague. Cette rivière, qui a été le berceau de l'industrie aurifère en Guyane Française, a été délaissée pendant assezlongtemps, bien que ses principaux affluents, notamment les criques Arataïe, Ipoucin, etc., aient toujours donné lieu à des exploitations rémunératrices. Depuis dix-huit mois à deux ans, la partie supérieure du bassin, peu prospectée jusqu'ici, à cause des sauts nombreux qui barrent le cours supérieur de la rivière, a donné lieu à de très nombreuses demandes en concession, ainsi que le montre le plan général de la Planche I. Cette région paraît caractérisée par des teneurs moins fortes peut-être que celles trouvées dans les autres endroits fameux, mais plus régulières et surtout réparties sur une plus grande largeur dans les vallées, ce qui est un élément très important pour l'exploitation à bon marché. On enlève en effet la partie riche par des « coups » successifs de sluice, en logeant dans le vide créé par le premier coup les déblais du deuxième, et ainsi de suite, ce qui assure un excellent assèchement du chantier, point capital pour la bonne conduite des travaux.

Je me hâte de dire que, cette région du haut Approuague se trouvant sur le territoire de la Guyane Française, on n'a pas à y craindre les excès et les dangers qui se produisent inévitablement dans les pays dénués de règlementation minière et de police. D'ores et déjà, plusieurs exploitations fructueuses sont installées dans ce district et y fonctionnent régulièrement.

Des faux rushes. — Avec une population aussi mobile que celle des plaçériens, il arrive fréquemment qu'on lance sur une fausse piste un certain nombre de prospecteurs dans un but qui n'a rien à voir avec l'exploitation minière proprement dite. Ces mouvements de population sont toujours caractérisés en effet par des achats considérables de vivres et de marchandises qui enlèvent en quelques jours les vieux stocks en magasins, de sorte que certains personnages peu scrupuleux peuvent essayer de produire artificiellement ce mouvement d'achats exceptionnels. J'ai été personnellement témoin d'une tentative de ce genre, qui s'est produite pendant mon séjour dans la colonie. Des bruits habilement répandus, — naturellement sous le sceau du plus grand secret, — faisaient pressentir d'importantes découvertes dans la crique Inini, affluent droit de l'Awa, dont j'ai déjà parlé. Aussi trouvai-je à Albina les nègres boshs, chalandiers attitrés du commerce sur le Maroni, très peu disposés à accepter, même avec des prix notablement supérieurs au tarif ordinaire, de me transporter avec le reste de la mission dans le haut Awa et d'y séjourner un mois avec nous. Ils attendaient, eux aussi, la hausse inévitable sur les frets, que devait amener le transport à bref délai d'une masse de chercheurs d'or dans la région de l'Inini. Je finis néanmoins par traiter, et bien leur en prit, car, au retour de notre voyage, nous apprîmes que le coup était manqué, que le rush n'avait pas pris et que les vieux stocks étaient restés en magasin.

De la prise de possession des terrains aurifères. — Dès que le bruit d'une découverte retentissante se fait jour, les environs immédiats du point où elle a été signalée se couvrent instantanément d'innombrables demandes en concession. Le bureau spécial affecté, à la Direction de l'Intérieur de Cayenne, aux services des déclarations de mines, ne désemplit pas de plusieurs jours ; car c'est l'ordre de priorité sur le registre d'inscription dans ce bureau qui établit d'une manière incontestable le droit à l'obtention ultérieure du permis définitif d'exploitation. Ces demandes sont prises absolument au hasard, la plupart du temps à la simple inspection de la carte, dont la Planche I du présent ouvrage est une reproduction exacte, à échelle réduite.

Cadastre de la propriété minière. — Ce document,

établi à l'échelle de 2 centimètres par kilomètre, est déposé au bureau du Cadastre à Cayenne et peut y être consulté gratuitement par le public. On peut le considérer, surtout depuis les modifications récentes qui y ont été apportées, comme à peu près exact, en ce qui concerne les fleuves et leurs affluents principaux, jusqu'à une distance de 100 à 120 kilomètres de la côte ; encore a-t-il fallu, pour atteindre ce premier degré d'exactitude, que des contestations relatives à la situation respectives de certaines concessions aient conduit à des expertises par des géomètres assermentés, dont les levés, dignes de foi, ont été aussitôt reportés sur la carte.

Une opération de ce genre, exécutée avec beaucoup d'intelligence par M. Pichevin, géomètre expert à Cayenne, a réuni par une ligne chaînée exactement le cours de la Mana à celui du Maroni, à une distance d'environ 100 kilomètres de l'embouchure respective de ces deux fleuves. On reconnut du coup que ces deux cours d'eau étaient beaucoup moins éloignés l'un de l'autre qu'on ne le pensait, et qu'une quantité de concessions demandées dans la région comprise entre le Maroni et la Mana ne pouvaient pas être accordées, parce qu'il n'y avait pas de place pour les mettre. C'est là un fait qui se produit très fréquemment, et auquel on est toujours exposé quand on prend, comme origine de deux concessions distinctes, des points de départ situés sur deux rivières différentes. Chacun des deux intéressés ayant fait lui-même son chainage et pris son orientation approximative depuis les points de départ respectifs, croit de bonne foi être chez lui, alors qu'en réalité leurs concessions se confondent. C'est ainsi qu'un placer de ma connaissance a été exploité pendant plusieurs années par deux propriétaires différents, dont les sluices se touchaient presque; il était cependant hors de doute que l'un des deux exploitait sans en avoir le droit. On finit par faire une expertise, qui démontra que la distance des chantiers au point de départ respectif des deux déclarants était exacte, mais que, les deux concessions se superposant, la propriété appartenait indubitablement au premier déclarant en date. L'affaire s'arrangea d'ailleurs d'elle-même, car on ne s'attarde pas en Guyane à perdre son temps et à faire des frais inutiles pour obtenir des dommages et intérêts contre les maraudeurs.

En fait, pour en revenir à la carte minière du pays, le service topographique local cherche constamment à l'améliorer en y reportant soigneusement tous les levés suffisamment certains qui lui sont communiqués soit par des exploitants dignes de foi, soit ceux établis par les géomètres assermentés. La triangulation du pays étant, comme je l'expliquerai plus loin, rendue pratiquement impossible par suite de la végétation forestière ininterrompue qui couvre toute la région, il n'est guère possible, surtout avec le budget local insignifiant dont dispose le service topographique, de faire plus vite et mieux.

Telle qu'elle se comporte, cette carte cadastrale, malgré ses imperfections, rend, au point de vue du droit minier, des services inappréciables. Nos autres colonies minières sont loin de pouvoir présenter des documents comparables à celui-là.

Sans cadastre minier, même approximatif, on ne peut songer à instituer les concessions minières par prise de possession ou par toute autre manière pareille, procédé qui est cependant le plus simple, le plus équitable et le plus avantageux dans les pays neufs.

De l'exécution des recherches. — En règle générale, tout terrain sur lequel on se propose d'exécuter des recherches doit être, avant d'y expédier les prospecteurs, l'objet d'une demande de permis de recherches valable pour deux années, et dont le coût est de dix centimes par hectare pour les deux ans. On prend presque toujours cette précaution, qui, comme on le voit, n'est pas coûteuse, quand on va prospecter dans une région déjà connue. On se garantit ainsi d'une manière complète contre tout abus de confiance de la part des membres de l'expédition. Les chercheurs individuels, qui sont légion, s'épargnent en général cette dépense préalable. Ce n'est que lorsqu'ils ont trouvé quelque chose d'intéressant qu'ils descendent en grande hâte à Cayenne pour s'assurer la priorité de la demande. Lorsque la découverte en vaut la peine et que les batées de prospection dénonçant une haute teneur ont été faites en présence de plusieurs personnes, il se livre, entre les témoins, des luttes de vitesse souvent épiques et même dramatiques, pour savoir qui arrivera le premier à la Direction de l'Intérieur. Un des plus riches placers de la Guyane a été l'objet d'une manœuvre de ce genre. L'histoire est restée légendaire à Cayenne ; ce fut le plus fort pagayeur qui l'emporta.

On voit somme toute, que la prospection par expéditions envoyées de Cayenne offre déjà de nombreux aléas. Ce n'est pas tout. Les prospecteurs qui travaillent réellement, qui se donnent vraiment de la peine pour découvrir des alluvions nouvelles, sont rares et recherchés, même s'ils ont sur la conscience quelques peccadilles dans le genre de celles que je viens de décrire, c'est-à-dire s'ils déclarent à leur propre nom des alluvions découvertes aux frais et risques de l'auteur de l'expédition. Ce dernier est prévenu et doit prendre des dispositions en conséquence.

Ce qui est plus à redouter, et ce qui se produit malheureusement trop fréquemment, c'est que l'expédition, une fois arrivée au dégrad, y construit ses carbets (*) et y attend tranquillement, en se livrant à la chasse et à la pêche, que le temps moral soit écoulé, pour ren-

---

(*) Nom générique des paillottes couvertes en feuilles de palmiers sous lesquelles tout le monde vit en forêt.

trer à Cayenne en accusant l'adversité et la malechance.

Il faut dire, pour être juste, que c'est surtout dans les expéditions pour lesquelles on a trop chichement mesuré les provisions, que de pareils faits se produisent, et on ne peut pas trop accuser les hommes d'hésiter à s'engager en forêt sans avoir devant eux une certaine avance de vivres les garantissant contre la famine.

Les prospecteurs indigènes exécutent en général leurs recherches en faisant sous bois ce qu'ils appellent une trace de chasseurs. L'épaisse végétation de la forêt ne laisse guère pousser comme sous-bois que des arbres chétifs et de maigres broussailles, sauf un palmier armé d'aiguilles cruelles, qui est parfois assez abondant. En dehors de cette exception, le sous-bois dans les Guyanes n'est pas épineux. On circule donc assez facilement avec un sabre d'abatis, instrument que tout le monde porte avec soi et avec lequel on coupe de temps à autre quelques rameaux pour servir de trace au retour. Le danger que court un homme seul dans les forêts guyanaises, réside en effet beaucoup plus dans le risque de se perdre que dans la possibilité d'être victime d'une morsure de serpent, cause de danger qui a été beaucoup exagérée. Les reptiles venimeux sont extrêmement fréquents, mais ils n'attaquent pas l'homme. Au contraire, les Européens, et souvent même les hommes de couleur, se perdent assez facilement en forêt, et ce fait a amené plusieurs fois la mort du malheureux égaré. Il est donc indispensable de porter avec soi une boussole. Il n'y a qu'un petit nombre de prospecteurs qui connaissent l'emploi de cet instrument, et il est assez difficile en forêt de se guider d'après le soleil : à midi il passe au zénith et ne donne par conséquent pas d'ombre méridienne, et, dès qu'il descend un peu, il est complètement caché par les arbres.

Les prospecteurs guyanais se guident surtout dans leurs recherches de placers nouveaux d'après les renseignements privés qu'ils possèdent et aussi d'après la forme des vallées et l'aspect des cailloux roulés dans les criques. La plupart de ceux qui sont réellement des prospecteurs sérieux — et il y en a de fort habiles sur le nombre — ont une notion plus ou moins confuse des principes qui régissent la formation des placers. Les connaissances qui leur font le plus défaut sont les notions relatives à l'orographie du pays, à la position respective des criques successives qui le traversent, sur le compte desquelles un simple nivellement barométrique pourrait les renseigner utilement. Malheureusement je n'en ai trouvé aucun qui fût en état de se servir de cet instrument.

Je suis persuadé cependant qu'on pourrait arriver sans peine à former un certain nombre de prospecteurs guyanais, car ils ont une intelligence vive, et les plus instruits d'entre eux doivent les connaissances qu'ils ont acquises au simple fait d'avoir accompagné M. Moufflet dans les prospections faites par cet ingénieur en Guyane, il y a déjà quelques années. Ce sont, à ma connaissance, les seuls travaux de recherches proprement dites qui aient été exécutés avec méthode.

Des trous de prospection. — Les trous de prospection ne sont jamais carrés ; on leur donne toujours une forme rectangulaire de 1 mètre sur 2 mètres, et cette forme s'explique quand on a vu exécuter le travail, surtout dans un terrain aquifère.

On commence par enlever le déblai argileux avec la pelle à vase (Pl. V, *fig.* 3), munie d'un manche de 2 mètres de longueur, qui permet à l'homme de projeter la terre au loin, même quand il est déjà profondément enfoncé dans le sol. Dans ce dernier cas l'ouvrier lance hors du trou la motte d'argile découpée par la pelle, en faisant avec sa pelle une sorte de moulinet au-dessus de sa tête. C'est ce qu'on appelle faire *canne major*. Le déblai est toujours enlevé sur la surface totale du trou. Une fois arrivé à la couche, on la désagrège avec le pic et on extrait les cailloux avec une autre pelle nommée pelle criminelle (Pl. V, *fig.* 4), qui n'est autre chose que la pelle ordinairement employée dans les terrassements.

En général, l'eau apparait en assez grande abondance dès qu'on atteint le gravier. L'ouvrier réduit alors la surface de son attaque, conserve une banquette d'un mètre de longueur sur laquelle il travaille, jusqu'à ce qu'il ait de la difficulté à vider les cailloux du fond avec sa pelle. Il descend alors dans la partie creusée et se sert de la banquette, sur laquelle il construit rapidement un petit barrage en argile, comme de dépôt intermédiaire pour l'eau. Il épuise constamment l'eau dans le fond du trou, tandis qu'un camarade la reprend sur la banquette et la jette dehors. L'un et l'autre se servent à cet effet d'un petit récipient hémisphérique en fer-blanc (Pl. V, *fig.* 6), nommé *coui*, qui sert, en outre, de gobelet et de vase culinaire. Les deux hommes alternent d'ailleurs le travail, qui, à partir du moment où on entre dans la couche, doit être conduit très rapidement ; sinon, l'eau envahit la fouille, fait constamment ébouler les parois et empêche de « toucher », c'est-à-dire d'arriver à la glaise du bed-rock et d'enlever les premiers centimètres de cette glaise, qui sont, on le sait maintenant, une des portions les plus riches de l'alluvion.

Un trou de prospection ordinaire, comportant 1^m,50 à 2 mètres de déblai et une épaisseur de couche de 0^m,60 à 0^m,80, demande la demi-journée de deux hommes pour être exécuté, y compris le lavage des diverses portions extraites de la couche, lavage qui s'exécute à la batée conique (Pl. V, *fig.* 5), que tous les placériens guyanais manœuvrent avec dextérité. On prend en général trois batées : une à la surface de la couche, une deuxième dans le milieu, et une troisième à sa base, en ajoutant dans cette dernière les premiers centimètres du bed-rock.

La teneur de cette dernière est seule inscrite, et c'est là, comme on va le voir, une cause d'erreur considérable, quand on n'est pas prévenu, dans l'appréciation de la richesse en or des alluvions guyanaises.

Estimation de la teneur en or des alluvions. — La batée normale de prospection correspond à un volume de terre de 7 litres environ ; de façon que la teneur au mètre cube s'obtient en multipliant par 150 le poids d'or donné par le lavage d'une batée.

En fait, on ne pèse jamais en Guyane la quantité d'or donnée par une batée. Sur aucun des placers que j'ai visités il ne m'a été possible de trouver une balance sensible au demi-centigramme. Les prospecteurs jugent immédiatement, par la simple inspection de la quantité d'or restant dans la batée, la teneur estimée de l'alluvion. Ils possèdent à cet effet une série d'expressions qui déconcertent un peu au premier abord et qu'il convient de traduire en chiffres.

Échelle des teneurs. — Le degré le plus bas de leur échelle est ce qu'ils appellent une « *cille* », corruption créole du mot œil, qui signifie un point, une trace d'or ; mais, néanmoins, c'est déjà une trace nette, distincte, différente par conséquent de ce que les prospecteurs américains appellent la *couleur*, car ce mot est aussi employé par les Guyanais, comme on va le voir plus loin, dans un sens tout différent.

La « couleur », pour les Américains, ne consiste pas dans le fait d'apercevoir, au milieu du sable noir qui reste dans la batée, un point d'or distinct, de dimensions définies ; la couleur, aux États-Unis, consiste dans un léger éclaircissement qu'un œil exercé perçoit immédiatement sur le bord intérieur du croissant, quand on incline la batée au dernier temps du lavage ; cet éclaircissement est dû à la présence de grains imperceptibles d'or. Un prospecteur américain vous dira aussitôt : cette alluvion contient : néant; une couleur ; deux couleurs; etc. Cinq couleurs de cette espèce ne correspondent pas à une teneur au mètre cube supérieure à 1/2 gramme.

La couleur guyanaise est, comme on va le voir, équivalente à des teneurs autrement fortes.

Les « *eilles* » guyanaises ne présentent dans l'esprit des prospecteurs locaux aucune espèce d'intérêt, vu qu'ils ne considèrent même pas comme exploitable ce qu'ils appellent « la couleur faible », qui correspond à une teneur de 1 gramme, soit à une valeur de 2 fr. 70 par mètre cube.

On peut compter qu'il faut, suivant les cas, de 15 à 20 « eilles » pour équivaloir à la couleur faible. Comme, d'autre part, il y a 150 batées au mètre cube, on voit que le poids effectif de l'or donné par une batée représentant la couleur faible est de :

$$\frac{1 \text{ gramme}}{150} = 6 \text{ milligrammes et demi,}$$

correspondant à une valeur de 1 centime, 755.

L' « eille » elle-même, qui est la quinzième ou la vingtième partie de la couleur faible, vaut donc, très approximativement :

$$1 \text{ millime } \left(\frac{1}{10^e} \text{ de centime}\right)$$

et pèse :

$$\frac{6^{\text{milligr.}} 1/2}{15 \text{ à } 20} = 0,3 \text{ à } 0,4 \text{ milligramme.}$$

Au-dessus de la couleur faible qui est, je le répète, le premier degré auquel les prospecteurs guyanais donnent l'importance restreinte qui s'attache à une simple indication, vient la *couleur forte*, qui est à peu près le double de la couleur faible, équivalente par conséquent à 5 ou 6 francs au mètre cube.

On commence, à partir de là à compter par: « *sous à la batée* », c'est-à-dire que les prospecteurs estiment la valeur, exprimée en monnaie, décimale du poids d'or donné par la batée. Une batée de deux sous équivaut par conséquent à un poids estimé d'or, valant 10 centimes, soit 37 milligrammes. La teneur au mètre cube d'une pareille alluvion s'obtient en multipliant ce poids par 150, ce qui donne environ 5gr,5, soit une valeur de 15 francs.

Voici d'ailleurs le tableau comparatif que j'ai dressé, donnant en grammes d'or et en francs par mètre cube, les valeurs correspondant aux estimations courantes des prospecteurs guyanais.

On remarquera qu'ils estiment en général les teneurs de 10 en 10 centimes, sauf pour le « sou marqué » monnaie locale, dont on se sert encore aujourd'hui à Cayenne, et dont la valeur actuelle est effectivement de 10 centimes dans les échanges courants, mais qui dans le langage conventionnel des prospecteurs représente une teneur intermédiaire entre 10 et 20 centimes. On peut l'assimiler à 15 centimes.

TABLEAU DES ÉVALUATIONS DE TENEURS EMPLOYÉES
PAR LES PLACÉRIENS GUYANAIS.

DÉSIGNATION DE LA TENEUR	POIDS D'OR contenu dans la batée	POIDS D'OR dans 1 mètre cube d'alluvion (150 batées au mètre cube)	VALEUR au mètre cube (à 2f,70 le gr.)
	Grammes	Grammes	Francs
1 « cille »	0,00035	0,05	0,135
10 —	0,0035	0,50	1,35
15 —			
20 — la couleur faible	0,0065	1,00	2,70
La couleur forte	0,013	2,00	5,40
Deux sous	0,037	5,55	15,00
Le sou marqué	0,045	8,325	22,50
Quatre sous	0,074	11,10	30,00
Six sous	0,111	16,65	45,00
Huit sous	0,148	22,20	60,00
Dix sous	0,185	27,75	75,00
Douze sous	0,222	33,30	90,00
Quinze sous	0,277	49,95	112,50
Vingt sous	0,370	55,50	150,00
Trente sous	0,555	83,25	225,00
Deux francs	0,740	111,00	300,00
Trois francs, etc.	1,110	166,50	450,00

Ce tableau, comme on le voit, comprend des teneurs qu'on peut considérer comme colossales; on a fait pourtant, à plusieurs reprises, sous mes yeux, sur des placers en vérité très productifs, mais pas exceptionnels, des batées de 1 fr. 50 et de 2 francs.

Il faut se rappeler, pour arriver à une saine appréciation des choses, que les prospecteurs estiment la teneur d'une alluvion en y prélevant les quelques centimètres les plus riches au contact du bed-rock, ainsi que les premiers centimètres de ce dernier. C'est pour ainsi dire un écrémage de la couche. Mais, même dans cette zone d'enrichissement maxima, ils choisissent ce qu'ils nomment « *la veine* », c'est-à-dire l'étendue parfois très restreinte, dépassant rarement 2 ou 3 mètres, dans laquelle se trouve concentrée la richesse maxima de la couche. Ils ont, pour suivre cette veine dont le tracé est parfois assez sinueux, un flair tout particulier, et c'est toujours dans elle qu'ils frappent, comme par hasard, quand ils vous conduisent pour tâter l'alluvion dans une vallée.

Des variations dans l'appréciation des teneurs. — Un autre point à noter dans ces estimations des teneurs en Guyane, c'est que l'échelle que je viens d'établir n'est pas absolument fixe. Les corrélations que j'y ai établies correspondent bien à la moyenne de ce qu'on admet généralement comme représentant la valeur réelle des évaluations par « sous à la batée »; mais dans la recherche de placers, les prospecteurs forcent en général *en moins* les estimations que leur donne la batée, et cela pour tenir compte des difficultés que présente l'ouverture d'une exploitation nouvelle dans une région dénuée de ressources. Une alluvion valant « un sou marqué », par exemple, dans le haut Approuague ou sur l'Awa, serait estimée quatre sous sur les placers du Sinnamary, de la Mana ou de la Comté, accessibles par chaloupes à vapeur.

De l'appréciation des teneurs moyennes. — Quoi qu'il

en soit, le grave défaut de ces appréciations réside moins dans leur variabilité, que dans le fait qu'elles ne s'appliquent qu'à une portion somme toute très restreinte du gîte. Elles suffisent aux prospecteurs guyanais, parce que tout ce qui est en dehors de la veine, étant pour eux inexploitable, ne les intéresse pas ; mais elles ont le défaut, dans une étude comme celle que j'ai entreprise, de ne renseigner que très imparfaitement sur la teneur réelle des alluvions aurifères.

Sondages avec un appareil à tiges. — Personnellement, j'ai opéré mes sondages en partant d'une base totalement différente. J'employais à cet effet une sonde à cuiller, dont j'extrayais, au fur et à mesure de l'enfoncement, les carottes successives restées dans l'outil jusqu'à ce que j'atteigne l'argile du bed-rock, dans laquelle j'enfonçais la cuiller pour prélever aussi la partie la plus riche de l'alluvion, et j'essayais à la batée, soit individuellement les carottes à mesure qu'elles étaient retirées de l'appareil, soit toutes les carottes réunies, ce qui me donnait la teneur moyenne, réelle, de l'alluvion. J'arrivais ainsi, on le comprend aisément, à des teneurs infiniment plus faibles que celles annoncées par les prospecteurs, et j'ai dû, à plusieurs reprises, pour les satisfaire, opérer parallèlement avec ma sonde à tiges et par trous de prospection ordinaires, pour les bien convaincre de la vérité. Beaucoup d'exploitants, qui se rendent parfaitement compte que la politique d'aveuglement volontaire conduit à des désastres certains, ont bien cherché, même avant mon arrivée, à réagir contre ces procédés d'estimation des teneurs, mais ils se sont bornés à des demi-mesures. Par exemple, sur une couche de 2 pieds de puissance, on prélèvera une batée à la surface de la couche, une seconde à 1 pied de profondeur et une troisième sur le bed-rock : prenant ensuite la moyenne arithmétique des trois résultats, on pensera ainsi avoir la teneur moyenne réelle.

Il est clair que l'on obtient encore par ce procédé une moyenne supérieure à la vérité, d'autant plus que, ces essais se faisant principalement, comme je l'ai déjà dit, sur la partie de l'alluvion où passe la veine, l'enrichissement à la base est exceptionnellement élevé, ce qui fausse radicalement la moyenne arithmétique.

La teneur des placers guyanais est en général suffisamment belle pour ne pas avoir besoin d'être augmentée par des artifices dans les prises d'essai. J'espère arriver à faire ressortir des conclusions de cet ouvrage que ce n'est pas leur pauvreté qui est la principale difficulté que présente leur exploitation. On travaille avec profit des alluvions beaucoup plus pauvres dans des pays présentant des difficultés techniques au moins aussi grandes, mais qui sont mieux partagés que la Guyane au point de vue des facilités de transport, du recrutement de la main-d'œuvre et du personnel technique.

Limites d'exploitabilité des placers guyanais. — On trouvera, dans les diverses monographies de placers que je vais aborder maintenant, des renseignements détaillés sur les teneurs moyennes réelles constatées par moi-même sur un certain nombre de placers que j'ai été à même d'étudier. Je me contenterai d'indiquer en ce moment des chiffres d'ensemble destinés à fixer les idées et permettant de se faire *a priori* une opinion sur les limites de teneurs exploitables dans les diverses régions de la Guyane Française.

On comprend en effet aisément, sans qu'il soit besoin d'y insister, que cette teneur limite est essentiellement fonction du prix de revient sur les placers de la journée d'ouvrier et, par conséquent, aussi des difficultés plus ou moins grandes de transport de la mer jusqu'au placer.

Pour commencer par les placers situés dans la position la plus défavorable, débutant dans un pays absolument privé de ressources, sans exploitation voisine à laquelle on puisse, en cas de misère, venir demander des secours ou un prêt de vivres permettant de gagner du temps, il faut une *teneur moyenne réelle* de l'alluvion, d'au moins 10 *grammes au mètre cube*, pour risquer l'opération. C'est ce qu'ont recueilli les premiers prospecteurs de l'Awa et du Carsewène. A une teneur pareille, correspondent dans le langage des placériens guyanais des batées de 2 et 3 francs à courir ; c'est-à-dire une teneur, *pour la veine proprement dite*, de 120 grammes à 150 grammes au mètre cube.

Une seconde catégorie de placers, entrés déjà dans la période normale, comprend le groupe de l'Awa et le groupe du haut Approuague. La navigation à vapeur sur ces fleuves s'arrête au premier saut, c'est-à-dire à une distance d'à peine 80 kilomètres de leur embouchure. Il reste à remonter environ 200 kilomètres, ce qui à raison de 20 kilomètres par jour, — moyenne déjà élevée, — représente un voyage d'au moins dix jours en canot. Il est fréquemment nécessaire de rompre charge à certains sauts si le niveau des eaux n'est pas très favorable.

Cinq grammes au mètre cube correspondant à des teneurs courantes de quinze à vingt sous à la batée *dans la veine* — environ 50 grammes au mètre cube — permettent de tenter, avec certitude de bénéfice, des opérations placériennes dans ces régions.

Dans le bassin de la Mana et du Sinnamary, les conditions sont déjà notablement meilleures. Il y a là un concours de circonstances favorables permettant d'exploiter des alluvions à teneur plus réduite, avec un bénéfice très appréciable. Ces rivières présentent en effet l'avantage d'être navigables par chaloupes à vapeur d'un certain tonnage, jusqu'à une distance de 120 à 150 kilomètres de la mer, tout au moins pendant une partie de l'année. Les sauts voisins du littoral se réduisent dans ces deux cours d'eau à de simples rapides, franchissables sans trop de peine par embarcations à vapeur.

Dans ces conditions, on peut exploiter avec bénéfice des alluvions ayant une teneur moyenne de 4 *grammes au mètre cube* et faire même des relavages de tailings à 3 grammes avec un bénéfice assuré. Cette teneur de 4 grammes ne correspond pas, dans le langage habituel des Guyanais, à des batées sur la veine dépassant 4 à 6 sous (12 à 15 grammes au mètre cube). J'ai expliqué effectivement plus haut que la différence entre la teneur moyenne des alluvions telle que je la conçois et que je l'ai définie, c'est-à-dire en considérant *l'épaisseur totale de la couche*, et l'estimation, à la façon des prospecteurs, de la teneur maxima de la veine, abstraction faite de la puissance de la couche, diminue à mesure que la teneur maxima de la veine s'abaisse.

Enfin, dans la zone aurifère de la Comté et de l'Orapu, voisine de Cayenne et reliée à la capitale par un réseau de voies navigables pour les embarcations à vapeur, on travaille avec profit des alluvions ou des tailings valant 1 sou marqué, 2 sous au maximum à la batée (5 à 8 grammes au mètre cube) dans la veine, équivalant à une teneur moyenne de la couche alluvionnaire de 3 *grammes au mètre cube*.

Du rapport caractéristique. — Je tiens à faire remarquer qu'il doit entrer dans l'appréciation de la teneur limite des placers un autre élément d'une importance capitale et dont je n'ai eu à parler jusqu'ici que d'une manière incidente : c'est ce que je désigne sous le nom de *rapport caractéristique* d'un placer, chiffre qui n'est autre chose que *le rapport de l'épaisseur totale du déblai qui recouvre la couche, à la puissance de cette dernière.*

C'est en effet, une fois la teneur moyenne de la couche reconnue, l'élément capital qui décide si l'exploitation de cette dernière sera ou non rémunératrice. Si par exemple on considère une couche alluvionnaire de 2 pieds d'épaisseur ($0^m,60$), recouverte par une épaisseur de $1^m,50$

à 2 mètres de déblai, ce qui est le cas général en Guyane, nous dirons que le rapport caractéristique est de 3, et qu'il y a par conséquent à opérer le déplacement de 3 mètres cubes de déblai, pour mettre à nu 1 mètre cube d'alluvion. Connaissant le prix de la main-d'œuvre sur un placer déterminé, il est facile d'en conclure les frais de décapelage, c'est-à-dire d'enlèvement de la couche superficielle du terrain stérile, frais qui doivent, cela va sans dire, être payés par l'or contenu dans la couche aurifère proprement dite.

La notion du rapport caractéristique a surtout de l'importance quand on s'attache, comme je l'ai fait, à examiner la question d'exploitation des placers par des moyens mécaniques. Les frais d'abatage du stérile sont dans ce cas identiquement les mêmes que ceux s'appliquant à la couche aurifère, tandis que dans le travail à la main le déblayage coûte moins cher par mètre cube que le passage de l'alluvion dans le sluice.

On voit en résumé, pour achever ce que j'avais à dire sur l'importante question de la teneur des alluvions guyanaises, comment je suis arrivé à ramener le mode d'estimation tout à fait particulier des exploitations guyanaises à des notions plus exactes et plus sûres.

J'ai établi tout d'abord le principe de la *teneur moyenne* d'une alluvion, considérée dans son ensemble, indépendamment du terrain stérile qui la recouvre et indépendamment aussi de la notion, toujours variable, de la veine riche contenue dans cette alluvion.

Passant ensuite à l'examen de l'influence de l'épaisseur du stérile sur l'exploitabilité de la couche, je la détermine par la notion simple du :

$$Rapport\ caractéristique = \frac{Puissance\ du\ stérile}{Epaisseur\ de\ l'alluvion}.$$

Ce sont d'ailleurs là des notions communes à tous les

placers, quels que soient les pays où ils se trouvent. Il faut y ajouter pour la Guyane un élément d'appréciation très important, absolument spécial au pays : c'est la question du déboisement.

Du déboisement. — Les placers n'échappent pas en effet à la végétation exubérante qui couvre tout le sol. Les arbres qui poussent dans le fond des vallées sont heureusement moins colossaux que ceux qui couvrent les terrains plus secs. Les eaux provenant des pluies continuelles trouvant peu de facilité pour se frayer un chemin à travers les racines enchevêtrées, qui forment un véritable tissu à la surface du sol, entretiennent une stagnation défavorable aux essences de bois durs. En fait, la plupart des vallées à placers sont de véritables marais encombrés par des racines d'arbres dans lesquelles on trébuche constamment contre les « jambes-chien », sortes de racines qui rejettent de proche en proche, formant un inextricable dédale très dangereux pour les piétons. Dans les vallées d'une certaine largeur, la rivière s'est généralement creusé un lit entre deux berges encaissées. A droite et à gauche de ce lit et jusqu'au pied des montagnes encaissantes, s'étend un terrain horizontal, recouvert par les eaux seulement aux époques des crues, que les Guyanais désignent sous le nom impropre de « marécages », bien que l'eau n'y séjourne pas d'une manière constante. Sur ces terrains, la végétation arborescente est à peu près aussi puissante que sur les montagnes, mais on n'a que rarement travaillé des alluvions situées sous ce genre de marécages.

Les placers se trouvent en général dans des vallées de 100 à 150 mètres de large au maximum, dans le fond desquelles serpente un ruisseau d'importance médiocre. La végétation qui couvre le placer est, comme je l'ai déjà dit, assez différente de celle qui s'étale sur les montagnes. Les arbres qui craignent un excès d'eau y végètent mal, et l'essence qui prédomine est un palmier spécial nommé pinot (*Euterpe edulis*), d'où le nom de *pinotières* donné par les Guyanais à tous les ravins bas et marécageux où ces végétaux abondent. Les pinots ne deviennent jamais bien gros et s'abattent très facilement à la hache. Mais ils ne sont malheureusement pas seuls de leur espèce, et ils vivent en famille avec de nombreux *Ficus* qui rejettent constamment soit par leurs racines directes, soit par les racines adventives descendant de leurs branches, qui finissent par former un fouillis inextricable.

Il faut naturellement, avant de commencer n'importe quelle exploitation, se débarrasser tout d'abord de cet amas de végétaux. On débute par l'abatage complet de tous les arbres à la hache, travail auquel, il faut le dire, excellent les indigènes. Ils profitent même très intelligemment de l'enlacement général de tous ces arbres par les lianes et les plantes parasites, pour les abattre, suivant l'expression consacrée, *par rideaux*. Ils choisissent à cet effet deux chefs de file, deux gros arbres touffus, tracent une ligne préalable en abattant les menus bois qui se trouvent entre les deux, de manière à faire une éclaircie en avant de la ligne d'attaque. Ils entaillent ensuite jusqu'au cœur tous les arbres intermédiaires et attaquent enfin les deux chefs de file qui sont abattus simultanément. Leur chute entraîne tous les autres. Après débardage de cette tranche, on abat un second rideau, et ainsi de suite.

La plupart des arbres doivent être tronçonnés pour être traînés à bras d'hommes hors du champ futur d'exploitation du placer. C'est là parfois un travail très pénible et très coûteux. Les pluies constantes ne permettent pas de songer à créer des bûchers pour se débarrasser de ces bois ; même après les avoir laissés en tas pendant toute la saison sèche, leur incinération n'est jamais complète.

Du dessouchement. — Il faut enfin se débarrasser des innombrables chicots qu'a laissés l'abatage à blanc étoc.

On est heureusement aidé dans ce travail ingrat par ce fait curieux que les arbres de la Guyane n'ont presque jamais de pivot. Tous vivent par des racines qui courent à la surface du sol, qui en émergent même la plupart du temps sur une partie de leur épaisseur. Ce phénomène est si frappant qu'il n'échappe pas à l'observation des personnes les moins attentives ; on rencontre, à chaque pas dans la forêt, de vieux arbres tombés, et, par parenthèse, c'est la chute inopinée des arbres qui peut faire courir aux voyageurs en Guyane le danger le plus sérieux. Il ne se passe guère d'heure où l'on n'entende dans la forêt la sourde détonation provenant de la chute de quelque grand arbre dans le voisinage, et il est de règle de ne jamais monter un camp en forêt, même pour une seule nuit, sans avoir inspecté les arbres dans un rayon assez grand autour de l'endroit où on se propose de camper, car la chute d'un gros arbre entraîne toujours celle de ses voisins à la façon des capucins de carte.

Chaque arbre en tombant entraîne avec ses racines une sorte de galette circulaire de terre qui atteint parfois des dimensions considérables et qui montre clairement l'absence complète de racines pivotantes chez le sujet tombé.

Prix de revient du déboisement. — Toutes ces manœuvres d'abatage, de tronçonnement, de débardage des rondins et des chicots, entraînent des frais considérables qu'il est important d'évaluer. Dans la méthode actuelle d'exploitation, le transport n'est jamais bien onéreux puisqu'on ne déboise strictement que la partie qu'on se propose d'exploiter et qu'on limite la plupart du temps les travaux d'exploitation à l'enlèvement sur quelques mètres de largeur seulement de la veine de richesse maxima. On s'arrange même souvent, lorsque le chantier ne devra comporter qu'un seul coup de sluice, c'est-à-dire une largeur moyenne de 8 à 10 mètres, de manière à faire tomber les gros arbres en dehors du passage futur du chantier et de ne tronçonner que ceux qui se trouvent avoir poussé dans l'intérieur de ce tracé.

Si on envisage au contraire, comme nous le ferons plus loin, l'exploitation des chantiers par des moyens mécaniques, nécessitant l'enlèvement de la totalité de l'alluvion payante, le déboisement devra sans doute aucun comporter des frais beaucoup plus élevés que ceux qui lui correspondent en ce moment. Le travail devra être en effet beaucoup plus soigné ; on ne pourra plus tolérer la présence, dans le chantier, des très gros chicots que les exploitants actuels renoncent le plus souvent à enlever, quitte à gratter en sous-cave tout ce qu'on peut enlever de l'alluvion riche qu'ils recouvrent. Disons, en passant, que tous les placériens guyanais s'accordent à reconnaître, comme un fait général, un enrichissement marqué de la couche, et surtout la présence de grosses pépites, dans les endroits où les racines des gros arbres ont pénétré jusqu'à la couche ; ils prétendent même l'expliquer en disant que lesdites racines, *contemporaines de l'époque où se sont formés les placers*, ont arrêté mécaniquement l'or au passage, à la façon des riffles dans un sluice.

Cette opinion me paraît manquer absolument de base sérieuse, mais j'ai constaté une telle unanimité dans l'opinion des placériens sérieux, au point de vue de l'enrichissement dans le voisinage des racines, que je ne pouvais la passer sous silence.

Frais de déboisement et de dessouchement d'un hectare. — Les frais de déboisement et de dessouchement dans un chantier ordinaire s'élèvent à environ 10.000 francs par hectare. Ce chiffre moyen correspond à une densité forestière d'environ 150 gros arbres à l'hectare.

Je range dans cette catégorie tous ceux qui présentent un diamètre moyen, à une hauteur de 5 mètres au-dessus du sol, de 80 centimètres et au delà. C'est à cette hauteur de 5 mètres qu'il faut prendre la mesure des arbres guyanais pour avoir des chiffres comparables entre eux, car les troncs ne deviennent cylindriques, la plupart du temps, qu'au-delà de la hauteur de 5 mètres que je viens d'indiquer. A son point d'enracinement le tronc s'élargit d'ordinaire beaucoup et se divise en une série de nervures étoilées, qui permettent à l'arbre de résister au vent, malgré le peu de profondeur de ses racines dans le sol. Ces sortes de nervures, nommées *arcabas*, prennent fréquemment des dimensions considérables. J'en ai souvent mesuré qui avaient 5 mètres de hauteur et 3 mètres de pied à leur entrée dans le sol avec une épaisseur moyenne de 10 à 15 centimètres au plus. C'est dans ces arcabas que les laveurs d'or débitent leurs batées en bois, car ce bois n'a pas de fil et ne se fend pas au soleil.

Il va sans dire qu'en dehors des cent cinquante gros arbres à l'hectare il y en a au moins autant de plus petites dimensions, à abattre et à enlever. Mais cette partie du travail ne coûte pour ainsi dire presque rien, parce que les bois de 30 à 40 centimètres de diamètre se débardent à dos d'hommes avec la plus grande facilité. C'est un travail qui convient parfaitement aux indigènes ; tandis que les manœuvres de force, consistant à rouler au moyen de cordages ou de crics, des tronçons de plusieurs tonnes, ou à arracher de gros chicots, sont des opérations que comportent une entente du travail et une organisation intelligente du chantier, qu'on trouve difficilement chez les hommes de couleur.

J'estime en définitive que, pour éviter toute surprise et tenir compte des aléas, il est bon de prévoir pour les frais de déboisement et de dessouchement d'un placer en Guyane, avec la main-d'œuvre et avec les méthodes actuelles : 10.000 *francs par hectare*, si la largeur de l'emprise ne dépasse pas 15 à 20 mètres, et le double, *soit* 20.000 *francs par hectare*, si cette largeur d'emprise est portée à 50 ou 60 mètres.

C'est là, comme on le voit, un élément considérable de dépense, que les exploitants actuels comprennent en général dans leur prix de revient global, mais dont il convenait de bien déterminer l'importance, en dehors de la question d'exploitation proprement dite, afin de se rendre compte de l'influence de cette dépense, spéciale au pays, sur l'ensemble du prix de revient.

II. — DE L'EXPLOITATION DES PLACERS

Avant d'entrer dans le détail de la méthode d'exploitation guyanaise il est indispensable de tracer en quelques lignes l'historique de ces exploitations. On comprendra mieux ainsi les raisons pour lesquelles les méthodes n'ont que peu varié depuis la découverte de l'or dans la colonie.

Historique de la découverte de l'or en Guyane. — En 1853 quelques Brésiliens habitant les bords du fleuve des Amazones s'embarquèrent sur un de ces petits navires appelés *tapouilles*, qui font le cabotage de Para et des localités voisines pour venir à Cayenne, afin d'échapper, selon leur dire, au service militaire. Ils débarquèrent chez des compatriotes établis sur les rives de l'Approuague, où le poisson très abondant, ainsi que le gibier, leur permettait, avec quelques parcelles de terrains qu'ils s'étaient appropriées, de subvenir aux besoins de leur existence.

Paoli, l'un des derniers venus, avait travaillé à l'exploitation de l'or dans son pays. En remontant les criques qui affluent dans l'Approuague pour pêcher, en parcourant les bois pour chasser, Paoli, frappé de la similitude du terrain avec celui dont on extrayait l'or dans son pays, fit quelques essais de lavage. Ces lavages, opérés dans un coui d'indigène (espèce de coupe profonde faite avec l'écorce d'une moitié de calebasse), lui firent immédiatement reconnaitre, par le résidu de schlich noir, l'analogie de ce terrain avec celui qu'il avait exploité. Quelques parcelles d'or, obtenues par une série de lavages, changèrent ses soupçons en certitude. Pourvu d'échantillons suffisants pour faire constater son invention, il se présenta chez le Commissaire-Commandant du Quartier et lui fit part de sa découverte. Le Commissaire-Commandant, heureux de doter son pays d'une nouvelle source de richesse, se mit aussitôt à l'œuvre. Accompagné de Paoli, il entreprit des excursions lointaines, pénibles et périlleuses, afin de se convaincre sur place de l'exactitude de la découverte. De nombreux essais ayant confirmé les assertions de Paoli, la présence de l'or dans les terrains de la Guyane Française fut dès lors un fait avéré. Le bruit de la découverte de l'or dans le pays parvint rapidement à Cayenne. Aussitôt un grand nombre de concessions de terrains, demandées par les principaux habitants, furent accordées par le Gouverneur. Le bassin de l'Approuague, morcelé, ne suffisant pas pour satisfaire à toutes les demandes, les recherches se portèrent sur la rive droite jusque dans le bassin de l'Oyapok. De ce côté d'ailleurs les chercheurs furent moins heureux.

Premières exploitations dans l'Approuague. — En 1855 une société, dite *Société de l'Approuague*, composée comme actionnaires d'habitants de la colonie, se constitua pour exploiter, dans le bassin du fleuve dont elle avait pris le nom, la concession de deux cent mille hectares qu'elle avait obtenue. Un placer situé sur la rive droite, un peu au-dessus du saut Aïcoupaïe, dont il prit le nom, donna, à peine installé, des résultats inespérés, malgré le manque d'ordre et l'inexpérience inhérents au commencement d'une industrie nouvelle dans un pays neuf et dépourvu de toutes ressources. L'or était abondant, à n'en plus douter ; le succès, décuplé naturellement par la renommée, produisit une véritable fièvre de l'or. Les actions de la Compagnie montèrent au double et plus de leur prix d'émission ; il devint presque impossible de s'en procurer. Cet é at provoqua de nouvelles recherches qui se dirigèrent sur la rive gauche de l'Approuague, vers le bassin du Mahury.

Découverte du bassin de la Comté. — Dans la Comté, située dans ce même bassin, les recherches furent généralement heureuses et provoquèrent de nouvelles demandes de concessions. Après l'établissement de quelques placers dans l'Approuague, d'autres s'installèrent dans la Comté, et le bassin de l'Oyapok fut abandonné. Des hommes aventureux, gendarmes, soldats d'infanterie de marine, artisans, excités par les découvertes faites dans la Comté, se risquèrent dans cette région et au delà, dans l'intérieur du pays à la recherche du métal précieux. Sans expérience, allant à l'aventure, leurs recherches furent cependant, dans la plupart des cas, couronnées d'un succès tel que les exploitations de l'Approuague furent en partie abandonnées et que la faveur des placériens resta pendant longtemps acquise de préférence au bassin de la Comté. Cette situation a pourtant changé du tout au tout dans ces derniers temps. J'ai en effet déjà signalé les découvertes récentes faites dans le haut Approuague, qui paraissent assurer à cette région un développement rapide et prochain.

Les recherches s'étendirent bientôt dans les autres rivières de la Guyane et notamment dans le Sinnamary, dans la Mana et dans le Maroni. Ces trois bassins ont acquis une réputation rapide, grâce aux excellents placers qui y ont été et qui y sont encore exploités.

Découverte du placer Saint-Élie. — Dès 1878 l'exploitation du placer Saint-Élie débutait brillamment par une production de 359 kilogrammes, à laquelle venait s'ajouter rapidement celle des placers adjacents, Dieu-Merci, Eldorado, Couriège, etc.

Placers de la Mana. — Le groupe des placers Elysée, Pas-Trop-Tôt et autres, démontrait, peu après cette époque, la valeur incontestable du bassin de la Mana comme richesse aurifère.

Découverte de l'Awa. — Enfin le rush de l'Awa, qui eut lieu vers 1889, et que nous avons décrit plus haut, vint ajouter le Maroni à la liste déjà longue des rivières aurifères de la Guyane. Seul, l'Oyapock est resté jusqu'à présent à l'écart du mouvement minier; mais c'est surtout à cause des difficultés spéciales que présente sa navigation; car la découverte du Contesté en 1894 est une preuve indubitable de la prolongation de la richesse aurifère au Sud de cette rivière.

Méthode d'exploitation. — Les conditions dans lesquelles se trouvent encore aujourd'hui les exploitants de placers guyanais diffèrent, somme toute, assez peu de celles où se trouvaient placés les premiers pionniers de cette industrie. Les seuls progrès qu'on puisse faire entrer effectivement en ligne de compte, s'appliquent aux trop rares placers qui, dans le bassin de la Comté, du Sinnamary et de la Mana, peuvent être plus ou moins complètement desservis par chaloupes à vapeur. Même pour ces derniers, sauf l'exception unique de la Cie de Saint-Élie qui achève en ce moment un tramway à traction animale reliant ses placers au dégrad, les conditions du transport par terre sont identiquement les mêmes que celles dont disposait Paoli en 1853.

Comme moyen de transport : des charges portées à dos d'homme ; comme voies de communication : des sentiers indigènes grimpant tantôt sur des croupes, tantôt barbotant dans les marécages ; comme ponts : des arbres tombés ; comme maisons : des paillotes.

Absence complète de toute bête de somme ou de trait pour l'entretien desquelles il faudrait commencer par déboiser et défricher le terrain, de façon à créer des pâturages pour l'entretien des animaux. Nécessité par conséquent d'employer une méthode ne comportant aucun transport des alluvions, même sur des distances minimes, pour les traiter dans un lavoir fixe. C'est, on le sait, ce transport des alluvions à un lavoir fixe, qui constitue le principe de la méthode sibérienne au moyen de laquelle on traite des alluvions situées dans des conditions identiques à celles de la Guyane.

Les dépôts aurifères de ces deux pays appartiennent en effet toutes deux à la période quaternaire : ce sont les *shallow-placers* (placers superficiels) de la nomenclature anglo-saxonne. Il est parfaitement certain que c'est le défaut seul de bêtes de trait qui a empêché d'appliquer aux placers guyanais l'organisation sibérienne, qui, au point de vue du prix de revient et surtout du rendement en or, est infiniment supérieure à la méthode guyanaise.

Le défaut de pente des placers et le manque de place pour les tailings, qui en est la conséquence directe, empêchent, cela va sans dire, leur exploitation par le sluice fixe américain entaillé dans le bed-rock, et *a fortiori* par la méthode hydraulique.

Principes de la méthode guyanaise. — Sluice portatif. — Le principe de la méthode consiste dans l'emploi d'un sluice portatif alimenté par une retenue d'eau faite en amont du chantier. Ce sluice est placé dans le chantier même d'abatage et se déplace d'aval en amont en même temps que le front de taille.

L'appareil est uniformément composé d'un nombre variable de boites ou « *dalles* », pour employer l'expression consacrée dans le pays. Ces dalles sont légèrement rétrécies à l'une de leurs extrémités, de manière à pouvoir s'emboiter les unes dans les autres. Leur longueur constante est de 4 mètres (12 pieds), et leur largeur moyenne est de 0^m,30 environ, avec des montants latéraux ayant

aussi $0^m,25$ à $0^m,30$ de hauteur. L'ensemble est supporté
par des piquets, plantés à même dans le bed-rock.

La pente peut être réglée aisément au moyen de
crochets de suspension en fer, de forme spéciale, fixés sur
les piquets au moyen d'encoches. L'ensemble, tel que je l'ai
figuré à la Planche IV, *fig.* 2 et 3, est, comme on le voit,
extrêmement simple et portatif. La planche de fond est
toujours sciée d'une seule pièce, et elle est recouverte
d'un double fond dont le détail sera donné plus loin. Les
dalles sont emboîtées les unes dans les autres au droit des
supports successifs, et leurs joints sont rendus étanches
par une garniture d'argile.

Longueur des sluices. — Le nombre de ces éléments
varie naturellement suivant la nature de l'alluvion à désagréger ; mais il est, comme on le comprend, toujours
limité par le mode même d'installation que je viens de
décrire. On comprend en effet que la tête du sluice ne
peut pas dépasser la hauteur du canal d'amenée par
lequel arrive l'eau destinée au lavage, préalablement
captée au moyen du barrage fait en amont ; et d'ailleurs,
en surélevant cette partie du sluice, on rend d'autant
plus difficile aux ouvriers le jet dans l'appareil, de l'alluvion qu'ils exploitent au moyen de leurs pelles.

D'autre part, l'extrémité inférieure du sluice ne doit
pas être trop près du sol, si on veut conserver un bon
écoulement au chantier et empêcher le « refoulement »
suivant l'expression des placériens, c'est-à-dire l'envase-
ment, le colmatage, du canal de fuite. C'est là le point
faible de la méthode ; aussi la plupart des chantiers
guyanais sont-ils très mal partagés au point de vue de
leur asséchement. On verra en effet dans la description
qui va suivre que le canal de fuite ne peut être maintenu
en état que par un « débourrage » constant qui finit par
revenir fort cher.

Il résulte de ces considérations qu'un sluice guyanais

dépasse rarement 12 boîtes, c'est-à-dire une longueur de 45 mètres environ. C'est même déjà là une longueur notablement supérieure à la moyenne, qui est de 9 boîtes, soit environ 35 mètres.

Pente des sluices. — La pente moyenne du sluice varie entre 8 et 12 p. 100, suivant la nature des matières à passer. On voit que, pour une pente moyenne de 10 p. 100, une longueur de 35 mètres de sluice correspond à une différence totale de niveau, entre la tête et la queue de l'appareil, de 3 mètres à 3^m,50 au minimum. Il est vrai qu'il faut déduire de ce chiffre la pente du bed-rock lui-même, pente qui est généralement de 1 1/2 à 2 p. 100, de sorte qu'en résumé la différence de niveau entre la tête du sluice et le bed-rock au droit du chantier d'abatage est, pour un sluice de 35 mètres, de 2^m,50 au moins. C'est déjà une hauteur trop grande pour charger commodément; aussi se contente-t-on, dans ce cas, d'établir le point de chargement à une certaine distance de la tête réelle du sluice et, dès lors, toute la partie de l'appareil située en amont du point de chargement ne rend absolument aucune espèce de service au point de vue du débourbage et du lavage.

Débourbage. — C'est certainement la partie du travail qui laisse le plus à désirer dans l'appareil guyanais. Voici, en effet, comment sont répartis les obstacles destinés à débourber l'alluvion et à arrêter l'or au passage.

Considérons, par exemple, un sluice de 9 dalles, tel qu'il est représenté en élévation et en plan à la Planche IV, *fig.* 2 et 3, qui est la reproduction exacte d'un sluice considéré comme très bien installé, sur un des placers que j'ai visités.

Le point de chargement se trouve au milieu de la deuxième dalle, de sorte que les matières n'ont, en réalité, à parcourir comme trajet utile que 7 dalles 1/2, soit 30 mètres. Sur ce nombre, 4 dalles 1/2 sont simplement garnies d'un double fond, en planches pleines et unies, destiné simplement à empêcher que le frottement des cailloux sur le fond véritable ne vienne trop rapidement mettre ce dernier hors d'usage. Ce double fond laisse entre les parois latérales et ses propres bords un vide formant rigole continue d'environ 2 centimètres de large. C'est dans cette rigole que se logent les grosses pépites. A l'extrémité des dalles garnies d'un double fond plein, s'en trouve une munie d'un double fond formé d'une plaque de fer ayant la même largeur que le sluice et percée de trous en quinconce de 12 millimètres de diamètre, séparés par des intervalles de 25 millimètres. Cette feuille de tôle est maintenue par des tasseaux à une distance de 25 millimètres environ du fond du sluice.

Aussitôt après la dalle à plaques, et placé immédiatement au-dessous du ressaut formé par l'emboîtement de cette dalle avec la suivante, se trouve le riffle en fonte, dont le plan et la coupe sont donnés Planche IV, *fig.* 4. Ce petit riffle sert à retenir, pendant la durée du travail et surtout au moment de la récolte, l'amalgame d'or et de mercure resté dans l'appareil. Comme on le voit, cet engin est de dimensions très petites et serait immédiatement comblé par le sable et les cailloux s'il n'était maintenu propre par une ou deux femmes, occupées constamment à enlever du sluice les plus grosses pierres et les mottes d'argile non désagrégées entraînées par le courant.

Ces mottes sont mises à part pour être lavées à la fin de la journée, ainsi qu'il est expliqué plus loin.

Améliorations à introduire. — On voit immédiatement les deux défauts capitaux de cet appareil : la désagrégation et le débourbage des parties argileuses ne peuvent pas s'effectuer en l'absence de toute espèce de ressaut, riffle, ou barrage quelconque, entre le point de chargement et le riffle en fonte. D'autre part, la séparation des gros cailloux, ne se faisant qu'à la main au sein d'un courant rapide et boueux, est forcément incomplète ; il en résulte qu'il passe beaucoup de gros graviers avec le sable et, dans ces conditions, la perte totale de l'or fin est à peu près inévitable. Il est d'ailleurs facile de remédier à ces deux défauts par des dispositifs très simples et peu coûteux, qui sont les suivants :

1° *Amélioration du débourbage.* — Il faut remplacer sur toute la longueur du sluice comprise entre le point de chargement et le riffle en fonte, le double fond en planches lisses actuel par une série de riffles en fer destinés à assurer la désagrégation des matières d'une façon éminemment plus efficace que le simple passage sur une planche unie.

2° *Séparation automatique des gros cailloux.* — A l'extrémité des dalles consacrées au débourbage, remplacer le riffle en fonte par un séparateur automatique formé d'une grille à double pente en forme de toit, dont les barreaux, distants de 10 à 15 millimètres, laisseront passer les matières fines contenant encore de l'or, en rejetant à droite et à gauche du sluice, les cailloux d'une dimension supérieure. En disposant un petit plancher portatif en tôle ou en planches au-dessous de cet *under-current*, on donnera à l'ouvrier chargé de ce travail toute facilité possible pour rejeter à la pelle, derrière lui, en tas, les gros cailloux, séparés ainsi d'une manière absolument complète et automatique du restant de l'alluvion à traiter.

Au-dessous de cette grille, les matières s'écouleront dans la deuxième partie du sluice, dont la pente pourra, dès lors, être très notablement diminuée, puisqu'il n'y aura plus à entraîner que des matières uniformes et fines, et on utilisera l'action du mercure pour aider au sauvetage de l'or fin. Dans la partie comprise entre le point de chargement et l'« under-current » l'emploi du mercure n'est pas nécessaire.

On reportera enfin le riffle en fonte tout à fait à l'extrémité du sluice, où son emploi aura surtout pour but, tout en retenant le mercure qui tendrait à s'échapper pendant le cours du lavage, de recueillir l'amalgame aurifère au moment du nettoyage journalier.

L'ensemble de ces modifications très simples, comme on le voit, très faciles à apporter et dont le coût est insignifiant, est représenté à la Planche IV, *fig.* 5 et 6.

Emploi des riffles en bois. — J'ai fait, pendant mon séjour en Guyane, plusieurs applications de ce système ; dans les endroits où je n'ai pas pu me procurer de riffles en fer, j'ai dû me borner, avec des résultats moins complets, mais cependant très appréciables déjà, à l'emploi des riffles en bois.

Le plus simple d'entre eux consiste à pratiquer au moyen d'une scie, dans les planches lisses du double fond, une série de trous rectangulaires disposés en chicane (Pl. IV, *fig.* 8), destinés à multiplier les ressauts favorables au débourbage. Les résultats sont bons, mais les angles vifs du bois s'émoussent rapidement, et de pareils riffles, surtout quand l'alluvion contient beaucoup de gros cailloux, n'ont qu'une durée très limitée.

Emploi des riffles à losanges, en fer. — Je recommande comme très économique et particulièrement avantageux l'emploi dans ce but des grillages à losanges, universellement répandus comme essuie-pieds à l'entrée des maisons (Pl. IV, *fig.* 7), et dont l'efficacité sur les boules d'argile est d'autant plus grande, que le fer mince dont sont formés ces losanges coupe l'argile qui compose les pelotes roulantes et les délite dans un parcours très restreint. Ces grillages, une fois usés d'un côté, se retournent sur l'autre, et leur durée, avec une alluvion même chargée de cailloux, est de trois mois au moins.

La multiplicité de leurs alvéoles est très favorable au dépôt de l'or fin, et leur extrême légèreté rend très facile le nettoyage journalier.

Organisation du travail. — Le lavage des alluvions comporte deux séries de travaux :

1° Les travaux préparatoires, qui sont, en outre du déboisement dont nous avons déjà parlé, la construction d'un barrage en amont, l'établissement d'un canal d'amenée d'eau partant du barrage et venant en tête du chantier, et enfin le *décapelage*, c'est-à-dire l'enlèvement des stériles qui recouvrent la couche aurifère ;

2° Les travaux d'exploitation proprement dits comprenant : l'abatage de l'alluvion, son lavage au sluice et l'évacuation des stériles.

Examinons rapidement la manière dont s'exécutent ces diverses opérations.

Exécution des travaux préparatoires. — *Construction des barrages.* — La construction des barrages, qui s'impose dans toutes les exploitations de « shallow placers », a toujours été regardée à juste titre comme une opération de la plus grande importance et sur laquelle il n'y a pas à lésiner. De la résistance du barrage aux coups d'eau qu'il aura à supporter par suite des inondations subites, dépend en effet l'existence même des exploitations situées en aval. Le barrage, une fois emporté, est généralement très difficile à réparer : les eaux en l'affouillant y creusent souvent une grande cavité, un abîme ; les exploitations en aval sont en tous cas suspendues pendant toute la durée de la réparation. Innombrables sont les cas où l'abandon de parties parfaitement payantes de placers n'a pas eu d'autre cause que la rupture d'un barrage mal fait.

Ces ouvrages s'exécutent toujours en terre et bois. Le plus simple, quand la rivière ne dépasse pas 10 à 15 mètres de large, est de choisir un endroit où les berges sont nettement escarpées, de pratiquer sur chacune des rives deux rainures verticales distantes de 2 à 3 mètres (Pl. IV, *fig.* 9) et de remplir ces rainures avec de gros troncs d'arbres superposés. Il ne reste plus qu'à combler ce batardeau improvisé avec de la glaise damée et de le défendre, par un double piquetage de pieux jointifs battus en amont et en aval, contre les affouillements par le pied. On établit le trop-plein sur une des rives, et sur l'autre se trouve la prise d'eau allant au chantier, prise d'eau qui sert aussi de trop-plein pendant les inondations.

De pareils barrages, pourtant bien simples, ne sont pas les plus nombreux. Bien souvent on se contente de planter des piquets en travers du cours d'eau, de les réunir par une traverse longitudinale et d'appuyer sur cette dernière une série de rondins jointifs inclinés de l'amont vers l'aval. On garnit ce lit de rondins de larges feuilles, et on dame dessus une bonne épaisseur de terre pour le rendre étanche (Pl. IV, *fig.* 10). Les ouvriers guyanais, habiles à ce travail, exécutent un barrage semblable en quelques journées.

Du canal d'amenée. — Ce dernier n'est jamais très long. A moins qu'il ne s'agisse de desservir des chantiers à flanc de coteau, lavant des terres de montagne, ou de distribuer l'eau de la crique principale dans des criques latérales qui en manquent, les barrages ne s'exécutent guère à plus de 200 ou 300 mètres en amont du chantier pour l'exploitation duquel ils sont créés.

Le canal d'amenée a des dimensions tout à fait médiocres : $0^m,50$ au plafond est déjà considéré comme une mesure respectable. Comme le canal est généralement entaillé à flanc de coteau dans la glaise jaune du déblai, on l'exécute au moyen de la pelle à vase (Pl. V, *fig.* 3) qui permet de couper verticalement les parois.

La pente de ces canaux n'est nullement ménagée. On l'exécute au coup d'œil, de façon à arriver au-dessus du niveau du sluice dans le chantier. Naturellement, le canal est prolongé au-delà de ce dernier, de façon que, lorsqu'on suspend le travail, l'eau de la crique aille se rendre dans le canal de fuite au-delà de la limite des travaux et n'inonde pas ces derniers.

La communication entre le canal d'amenée et la tête du sluice s'opère au moyen de dalles qu'on déplace au fur et à mesure des besoins.

Du décapelage. — En principe, l'opération du décapelage doit être entièrement distincte du lavage proprement dit ; elle doit s'exécuter au moyen d'une ou plusieurs équipes spéciales et être toujours en avance sur le chantier d'abatage, de façon que ce dernier ait constamment devant lui place nette.

Malheureusement, en Guyane il ne peut pas en être ainsi, à cause du principe même de la méthode qui interdit tout transport de terre par d'autres moyens que le simple jet à la pelle. Il est évident en effet, qu'un véritable chantier de décapelage exige l'emploi de moyens de terrassement, pour porter les terres stériles en dehors de l'emprise future du chantier d'exploitation. Je n'ai jamais vu appliquer en Guyane ce moyen rationnel de préparation du chantier. On préfère mélanger pour ainsi dire les deux opérations, si distinctes pourtant, du décapelage et du lavage, pour jouir de l'avantage, à mon avis tout à fait secondaire, de pouvoir rejeter dans l'excavation produite par un premier coup de sluice, les déblais du coup de sluice immédiatement voisin.

Il est évident qu'on ne peut avoir ainsi qu'une exploitation discontinue, puisqu'il faut, pendant tout le temps qui s'écoule entre le moment où le coup de sluice est terminé et celui où on reprend la tranche voisine, arrêter le chantier d'exploitation et mettre tout son monde à décapeler le chantier voisin en jetant le déblai dans l'excavation primitive.

Il y a plus encore : si cette méthode d'opérer par tranches successives parallèles à la direction de la vallée, débutait par un chantier placé à la limite du champ d'exploitation, soit à droite, soit à gauche de l'emprise· future, il n'y aurait pas de fausse manœuvre proprement dite au point de vue du terrassement, mais seulement discontinuité des chantiers, comme je viens de l'expliquer. En effet, en suivant l'ordre que j'indique, le déblai du premier chantier serait jeté à la pelle sur le terrain stérile, en dehors de l'emprise exploitable et ne serait plus remanié ; le déblai de la deuxième tranche passerait dans le vide laissé par le premier chantier et n'y serait plus retouché, et ainsi de suite.

En pratique ce n'est pas ainsi qu'on agit : comme on est toujours pressé de faire de l'or, le premier coup de sluice, celui qui pénètre dans la partie vierge, est invariablement donné dans la veine, c'est-à-dire, en général, dans la partie centrale de l'emprise. On décapèle alors en jetant le déblai à droite et à gauche sur le terrain aurifère, et on accumule par dessus les résidus du lavage de ce premier coup de sluice. Dès lors, pour reprendre les coups latéraux, il faut commencer par rejeter dans l'excavation laissée par le premier : 1° les tailings ; 2° le déblai du premier coup ; 3° le déblai de la tranche voisine. En un mot, on manie deux fois la totalité du cube excavé dans le premier coup. On voit à quelles fausses manœuvres et à quels frais on est amené par suite du manque de méthode dans l'organisation des travaux.

Pour en donner une idée, je donne ci-après, pour un certain nombre de placers, une copie de leurs livres de journées indiquant la proportion des jours d'arrêt de l'exploitation, dus **à la nécessité d'opérer le décapelage.**

TABLEAU DU TEMPS CONSACRÉ AU DÉCAPELAGE
DANS CERTAINS CHANTIERS GUYANAIS.

DATES	PRODUCTION D'OR DU PLACER SAINT-ÉLIE			DATES	PRODUCTION D'OR DU PLACER DÉLICES		
Mois de mars 1879	Sluice n° 1 Crique Jérémie	Sluice n° 3 Crique Jérémie	Sluice n° 4 Crique Sables	Mois de décembre 1891	Chantier 4	Chantier 5	Chantier 6
1 S.	1.000	»	0.705	1 M.	Déblai	Déblai	Déblai
2 D.	»	Dimanche	»	2 M.	0.245	0.077	—
3 L.	Déblai	0.358	0.242	3 J.	0.429	0.090	0.066
4 M.	0.800	Déblai	Déblai	4 V.	0.377	0.091	0.112
5 M.	0.585	—	—	5 S.	0.260	0.075	0.070
6 J.	0.325		0.300	6 D.		Dimanche	
7 V.	0.228	0.298	0.352	7 L.	Déblai	0.070	0.045
8 S.	1.005	0.337	0.308	8 M.	—	0.040	Déblai
9 D.	»	Dimanche	»	9 M.	0.206	Déblai	0.055
10 L.	0.590	Déblai	0.068	10 J.	0.105	0.135	0.047
11 M.	Déblai	—	Installation	11 V.	0.255	0.139	0.040
12 M.	—	0.261	0.079	12 S.	0.118	0.108	0.050
13 J.	—	0.251	0.225	13 D.		Dimanche	
14 V.	Installation	0.250	0.063	14 L.	0.079	0.137	Trav. préparat.
15 S.	1.315	Déblai	0.369	15 M.	0.134	Déblai	—
16 .	»	Dimanche	»	16 M.	Déblai	—	—
17 L.	0.648	Déblai	0.182	17 J.	0.208	0.029	—
18 M.	Déblai	0.450	Déblai	18 V.	0.234	0.015	—
19 M.	Installation	0.260	Installation	19 S.	0.065	Déblai	Déblai
20 J.	0.880	0.190	0.170	20 D.		Dimanche	
21 V.	0.321	Déblai	0.158	21 L.	Déblai	Déblai	0.022
22 S.	0.363	—	0.185	22 M.	0.090	0.066	0.115
23 D.	»	Dimanche	»	23 M.	0.090	0.062	0.080
24 L.	Déblai	0.500	Déblai	24 J.	Déblai	0.047	0.080
25 M.	0.424	0.340	Installation	25 V.		Noël	
26 M.	0.539	0.390	0.160	26 S.	0.075	Déblai	Déblai
27 J.	0.240	0.255	0.264	27 D.		Dimanche	
28 V.	Déblai	0.495	0.170	28 L.	0.082	Déblai	Déblai
29 S.	Installation	Installation	Installation	29 M.	Déblai	0.015	0.085
30 D.	»	Dimanche	»	30 M.	0.089	0.027	0.105
31 L.	0.530	0.554	0.325	31 J.	0.129	Prospection	0.142

RÉSUMÉ

Jours de travail	26	26	26	26	26	26
Dimanches et fêtes..	5	5	5	5	5	5
Jours de chômage pour décapelage..	10	10	8	7	9	11
Perte de temps due au décapelage....	$\frac{10}{26} = 38°/_0$	$\frac{10}{26} = 38°/_0$	$\frac{8}{26} = 31°/_0$	$\frac{7}{26} = 27°/_0$	$\frac{9}{26} = 34°/_0$	$\frac{11}{26} = 42°/_0$

Après cette revue rapide des travaux préparatoires, passons à l'examen des chantiers d'exploitation proprement dits.

Organisation d'un chantier de lavage. — Le chantier de lavage normal comporte un nombre d'hommes qui varie entre 12 au minimum et 15 au maximum, suivant qu'on emploie deux ou trois piocheurs, car c'est du nombre de ces derniers que dépend essentiellement la composition du chantier. Chaque piocheur en effet nécessite deux pelleteurs, trois même parfois lorsque la nature du sol le permet, de sorte qu'en général à deux piocheurs correspondent quatre pelleteurs. Les pelleteurs jettent, à la pelle, l'alluvion désagrégée par la pioche, dans le sluice. Les matières tombent dans le courant d'eau aux pieds d'un ouvrier perché sur l'appareil, qui triture constamment, au moyen d'une râclette, les pelletées de terre qui lui arrivent. Il commence ainsi le débourbage et assure la mise en route des pierres et de l'alluvion.

Il y a en outre, sur le parcours du sluice, deux ou trois femmes qui ont pour mission d'arrêter au passage les grosses pierres, de les rejeter en tas derrière elles et d'arrêter aussi les mottes d'argile trop grosses pour pouvoir être désagrégées dans le courant. Ces mottes sont mises par elles à part. Ces femmes sont aussi chargées d'entretenir en bon état le riffle en fonte.

Enfin, à la queue du sluice, un ou deux hommes, nommés débourreurs, prennent constamment au fond du canal de fuite le sable que dépose le courant à la sortie du sluice, et le lancent à jets de pelle à droite et à gauche, formant ainsi deux sortes de digues entre lesquelles coule le canal qui assure l'assèchement du chantier.

Un chef de chantier surveille l'ensemble de ces opérations ; c'est lui notamment qui est chargé d'essayer constamment à la batée les diverses parties du front de taille, pour se rendre compte de la direction que suit la veine de richesse maxima. Il prend aussi de temps à autre une prise d'essai dans les sables sortant du sluice pour vérifier si l'appareil donne de la perte au lavage. C'est enfin lui qui donne le signal du commencement et de la fin du travail. Au-dessus de lui se trouve le chef de l'établissement dont dépend le placer, qui, lui, n'est pas astreint à la présence continue sur le chantier, d'autant plus qu'il en a généralement plusieurs à surveiller à la fois.

En résumé, la répartition du personnel desservant un chantier, comportant un seul sluice, est le suivant :

Piocheurs	2	hommes
Chargeurs à la pelle	4	—
Débourbeur	1	—
Enlèvement des grosses pierres	1	femme
Entretien du riffle	1	—
Débourrage	2	hommes
Surveillance	1	—
Total	12	

Emploi du mercure. — On verse dans le sluice au début du travail environ 2 kilogrammes de mercure, en plusieurs fois. Il est réparti sur toute la longueur du sluice, de sorte que tout l'or, même le plus gros, est soumis à son action.

Récolte de l'or. — La récolte de l'or ou, pour employer l'expression locale, la *levée de la production*, s'opère tous les jours à quatre heures. Cette opération ne présente aucune particularité remarquable et s'effectue en nettoyant, d'amont en aval, les diverses parties du sluice. Le seul fait à signaler c'est qu'avant de recueillir l'amalgame, on passe dans le sluice toutes les pelotes d'argile que les femmes ont recueillies dans la journée. Ces pelotes, qui proviennent des premiers centimètres entaillés dans le bed-rock glaiseux, ont généralement une excellente teneur ; d'autant plus qu'en roulant dans le sluice elles happent au passage beaucoup d'or resté sur le double fond uni qui garnit la tête de l'appareil. Le triage de ces pelotes au moment de leur rapide passage au sein d'un courant bourbeux, devant les deux femmes censées occupées à ce travail, est naturellement très imparfait, et c'est en grande partie à ce fait qu'on doit attribuer la teneur élevée des tailings laissés en Guyane par le premier lavage. Fréquents sont les cas où le deuxième traitement rend autant que le premier.

Les pelotes à désagréger sont portées à la tête du sluice ; la venue d'eau est un peu diminuée, et l'ouvrier débourbeur les délite dans le courant d'eau, pendant que les femmes placées en aval achèvent le travail à la main. L'opération une fois finie, on procède à la récolte de l'amalgame en enlevant les riffles successifs par ordre descendant, tout en maintenant dans l'appareil un léger courant d'eau claire. Le sluice est ensuite brossé et finalement, après enlèvement des plaques perforées, sous lesquelles s'est réuni l'amalgame, on concentre définitivement ce dernier dans les riffles en fonte. Son contenu est versé dans une batée ; le mercure est séparé des cailloux restants et passé enfin dans un morceau de toile à voile à grain serré, qui retient l'amalgame et laisse échapper le mercure, qu'on recueille dans une bouteille pour l'opération suivante. L'amalgame fortement pressé et secoué à la main est évaporé à la poêle en perdant le mercure.

Conduite du chantier. — On a vu plus haut qu'indépendamment du travail de lavage proprement dit, le chef de chantier doit constamment étudier son front de taille pour diriger l'abatage suivant la ligne d'enrichissement maximum. Il règne en effet une incertitude complète sur l'allure de la richesse dans une alluvion en cours d'exploitation. Les trous de prospection ne sont, on peut le dire, presque jamais exécutés suivant un tracé méthodique, ni alignés à des distances régulières suivant une série de lignes parallèles, perpendiculaires au sens général de la vallée. C'est pourtant le seul moyen rationnel de se rendre compte de l'allure de la richesse et d'éviter, lorsque le gisement se présente par poches, — ce qui est un cas fréquent surtout à l'approche des têtes des criques, — de passer sans les exploiter à proximité d'enrichissements isolés.

En résumé, les exploitations actuelles sont conduites, comme on dit vulgairement, au petit bonheur, et il arrive fréquemment qu'on arrête un chantier parce qu'il est resté plusieurs jours de suite avec un rendement insuffisant, alors qu'à quelques mètres plus loin à peine on allait rentrer dans une nouvelle zone payante.

Du nivellement dans les travaux. — Non seulement les travaux de prospection exécutés dans une vallée manquent de méthode, mais encore ils ne sont jamais reliés entre eux par un nivellement même grossier, permettant de se rendre compte de la profondeur relative des différentes parties de la couche aurifère. Il en résulte que les poches riches, ces sortes de marmites de géants dont j'ai précédemment signalé l'existence, sont presque toujours exploitées dans des conditions tellement défavorables que l'or qu'elles contiennent, même s'il est en grande quantité, ne laisse souvent que des pertes. On ne s'inquiète pas en effet, pendant le cours de l'exploitation, de maintenir le niveau du canal de fuite à une cote suffisamment basse pour permettre l'assèchement naturel des poches situées en amont, même si on a déjà reconnu ces dernières par des sondages heureux. On établit simplement ce canal à la surface du bed-rock en suivant la pente de ce dernier.

Exploitation à contre-pente. — On en est réduit alors, quand on arrive dans la poche dont le fond est à contre-pente, à des expédients piteux pour maintenir artificiellement l'assèchement du trou. Le moyen universellement employé consiste à épuiser avec des seaux, à bras d'hommes. On se contente souvent, dans ce cas, d'exploiter la majeure partie de la poche en faisant travailler les hommes avec de l'eau jusqu'aux genoux, parfois même davantage. Dans certains cas, ainsi que je l'ai raconté à propos du Contesté, il a fallu y renoncer, malgré l'extraordinaire richesse de l'amas.

J'ai vu reprendre des travaux de ce genre avec des moyens mécaniques d'épuisement, qui ont, je n'ai pas besoin de le dire, réussi à assécher facilement les poches dans lesquelles on supposait qu'il était resté beaucoup d'or. Malheureusement ces espérances ont été déçues, et les frais que comporte le transport d'un matériel à vapeur en forêt sont hors de proportion avec les quantités d'or que peuvent donner des amas de ce genre, limités par leur nature même à quelques mètres dans tous les sens. Une conduite tant soit peu prévoyante des travaux, et quelques coups de niveau, auraient suffi pour permettre facilement l'assèchement naturel de ces poches, qui sont toujours situées dans la région torrentielle où la pente moyenne du bed-rock atteint 4 p. 100 et au-delà.

Pour terminer cet exposé de la situation actuelle des placers guyanais, je vais donner rapidement la monographie de deux ou trois exploitations situées dans des régions différentes.

MONOGRAPHIES DE DIVERS PLACERS

I. — EXPLOITATIONS DE LA COMPAGNIE DES MINES D'OR DE LA GUYANE HOLLANDAISE

Bien que les placers appartenant à cette Société ne soient pas situés, à proprement parler, sur le territoire de la Guyane Française, ils n'en sont séparés que par la rivière Awa, qui sert de frontière, et se trouvent tant au point de vue de leur formation qu'à celui de leur méthode d'exploitation dans des conditions identiques à celles des placers de la Guyane Française.

Situation. — Cette Compagnie exploite un vaste territoire de 70.000 hectares comprenant, en outre des terrains reconnus et exploités à l'époque de maraudage du fameux rush de l'Awa que j'ai décrit plus haut, une portion considérable de terrain sur une partie duquel la présence de l'or a été constatée sans doute aucun, mais dans laquelle les travaux de prospection font jusqu'à présent complètement défaut. On trouvera à la Planche V, *fig.* 2, un plan d'ensemble, au 1/50.000ᵉ du territoire sur lequel s'étendent actuellement les travaux.

Trois rivières principales les contiennent : ce sont, par ordre ascendant, la crique Pointu, la crique Rufin et la crique Antino. Ces trois cours d'eau s'épanouissent sur le versant d'une chaine séparatrice dirigée approximativement N.-O. — S.-E.

L'autre versant, qui déverse ses eaux dans la crique Açiçi, n'a pas encore été prospecté, bien que tout concorde à lui assigner une richesse tout au moins comparable à celle des placers actuellement exploités.

Les centres de production sont au nombre de 7, à savoir : Haut-Antino, Bas-Antino, Le 14-Juillet, Rufin, Aspic, Capable et Pointu, ce dernier tout nouvellement installé. Chacun de ces centres communique avec le dégrad central établi au bord de l'Awa, où se trouvent les magasins d'approvisionnement et d'où partent, chaque matin, les convoyeurs qui répartissent dans les différents centres les vivres destinés au personnel et aux ouvriers.

Personnel employé. — Le personnel total du placer comporte environ cent cinquante personnes, nombre sur lequel on peut hardiment défalquer un tiers, comprenant le personnel de la direction et de la surveillance, les malades, les charroyeurs de vivres, les domestiques, gardiens, etc. Reste une centaine d'hommes travaillant effectivement sur les chantiers.

La production mensuelle varie actuellement entre 18

et 20 kilogrammes. Partant de ces données, on peut déduire immédiatement, et avec une exactitude assez grande, le rendement moyen par mètre cube d'alluvion exploitée. On peut admettre en effet que le rendement moyen de la journée d'ouvrier en *alluvion aurifère*, c'est-à-dire *la quantité d'alluvion aurifère réellement lavée par jour sur tous les chantiers, divisée par le nombre total d'ouvriers et d'employés du placer*, ne dépasse pas *un demi-mètre cube par homme et par jour*. En d'autres termes, on peut estimer à 75 mètres cubes, 80 au maximum, la quantité d'alluvion lavée journellement dans les divers chantiers de la Cie de l'Awa.

Ce chiffre peut paraître faible ; mais je l'ai vérifié de diverses manières, et on peut le considérer comme très voisin de la vérité.

On peut d'ailleurs, en partant du rendement par sluice et par jour, arriver au même résultat. Le volume d'alluvion passé dans un chantier normal de douze hommes organisé comme je l'ai expliqué plus haut, comportant quatre pelleteurs, ne dépasse pas 12 *mètres cubes par jour de travail* dans les conditions les plus favorables.

Ce chiffre correspond, pour chacun des pelleteurs, à un cube chargé de 3 mètres cubes, chiffre auquel on n'arrive, à mon avis, que dans les relavages où la facilité du travail est beaucoup plus grande. En réalité, on ne peut pas compter sur le lavage de plus de 10 mètres cubes par sluice. En s'en tenant à ce dernier chiffre et en comptant sur un nombre moyen de 8 sluices en travail sur les placers de l'Awa, on voit que le cube journalier passé sur les divers placers de cette Compagnie oscille autour du chiffre ci-dessus estimé, de 80 mètres cubes. Le lavage mensuel atteint donc, à raison de vingt-cinq jours de travail par mois, un chiffre total de $80 \times 25 = 2.000$ mètres cubes rendant 18 kilogrammes d'or, soit par conséquent une teneur moyenne de

$$\frac{18^{kg},000}{2.000 \text{ mètres cubes}} = 9 \text{ grammes.}$$

Ce chiffre est inférieur à la teneur réelle des alluvions vierges de l'Awa, attendu que la plupart des chantiers travaillent à des relavages, qui donnent des bénéfices même avec des rendements de 6 à 7 grammes par mètre cube, vu qu'il n'y a ni déboisage ni décapelage à exécuter, pour installer un chantier sur ces matières.

En réalité, la teneur des alluvions encore vierges qu'on exploite à l'Awa n'est guère inférieure à 10 grammes. C'est, en se reportant à la classification que j'ai donnée précédemment, un type de placer appartenant à la zone excentrique, dont le ravitaillement est coûteux et difficile, et qui exige, pour donner des bénéfices, des teneurs moyennes d'alluvions voisines de 10 grammes par mètre cube.

Des teneurs aussi élevées exigent un fréquent renouvellement des chantiers et, par conséquent, une organisation permanente pour la recherche de placers nouveaux destinés à remplacer ceux qui s'épuisent. C'est, en effet, en ayant toujours en préparation un certain nombre de criques vierges, qu'on peut maintenir de pareilles productions, tout en n'exploitant que les parties riches des alluvions. En fait, dans des conditions semblables à celles de l'Awa, on ne peut espérer d'exploitation rémunératrice, qu'en entrant résolument, soit dans la voie des prospections méthodiques, en préparant constamment de nouveaux placers très riches et en les exploitant par les procédés actuels; soit en appliquant aux nombreux placers à teneurs plus faibles déjà reconnus, des procédés économiques dont la description se trouve au Chapitre III.

Cette remarque est d'ailleurs générale et s'applique tout aussi bien à des placers moins éloignés, qu'à ceux de l'Awa.

Transports par ânes. — Un progrès considérable à réaliser, sur les placers de l'Awa et sur ceux situés dans des conditions analogues, sera l'emploi, pour les transports de vivres entre le dégrad et les chantiers, de bêtes de somme aux lieu et place des convoyeurs noirs, portant à dos les marchandises. La charge de ces hommes ne dépasse pas 25 kilogrammes, et la journée leur est acquise pour le transport de cette charge sur une distance moyenne de 8 kilomètres avec retour à vide.

L'animal le plus indiqué pour exécuter ce transport dans des conditions infiniment plus économiques, c'est l'âne, qui résiste bien au climat et qui s'accommode volontiers des médiocres pâturages naturels qui poussent dans les abatis. Enfin son prix d'achat est peu élevé. Un conducteur suffit pour un troupeau de huit à dix ânes, et chacun de ces animaux peut porter une charge de 50 kilogrammes. On trouve facilement à en acheter à Surinam et dans les Antilles Anglaises.

Main-d'œuvre. — Les ouvriers employés sur les placers de l'Awa sont tous des noirs provenant des Guyanes ou des Antilles. Ils sont recrutés pour une durée de cent cinquante-six jours de travail effectif, aux termes d'un contrat de louage passé par devant un commissaire spécial établi par le Gouvernement Hollandais à Albina. Ce fonctionnaire est un officier de l'armée métropolitaine ; il a rang de Commissaire et de Chef de District.

Les clauses et conditions générales de ce contrat de louage, relatives au paiement des salaires, à la composition des rations, — les frais de nourriture des ouvriers sur les placers étant toujours à la charge des exploitants, — aux secours médicaux, etc., sont à peu près les mêmes que sur les placers français. Mais ils en diffèrent notablement au point de vue de la discipline. Nous examinerons plus loin les termes du contrat d'engagement français, et nous ferons ressortir l'attitude différente de l'Administration dans les deux colonies au point de vue de l'exécution de ces contrats et de l'application des engagements réciproques qu'il consacre.

Pour en revenir aux ouvriers employés aux placers de l'Awa, leur salaire, effectivement payé en espèces, varie de 3 fr. 50 à 5 francs par jour. A cette somme il faut ajouter les frais de voyage aller et retour du placer, la proportion de non-valeurs résultant des rapatriements anticipés par suite de maladie, les frais de nourriture et enfin les frais généraux.

Ces derniers sont, comme on doit s'y attendre, toujours très élevés dans les Guyanes. Le personnel dirigeant, qui, en outre de ses salaires, est nourri aussi aux frais de la Compagnie, est sujet à de fréquents changements. Il faut avoir une administration complète à Cayenne ou à Surinam pour assurer les achats de matériel et de vivres ainsi que le recrutement constant du personnel, pour combler les vides créés par les maladies et par les départs à fin de contrat. Cette administration locale s'occupe aussi des expéditions d'or, des relations avec le Gouvernement ; elle résume la comptabilité des placers, sert en un mot d'intermédiaire entre la direction locale, sur les placers, qui reste confinée, par la nature même des choses, dans ses occupations purement techniques, et l'Administration centrale de l'affaire. A l'Awa ces frais généraux sont encore notablement accrus par suite de la redevance foncière à payer à l'État, sur la vaste surface concédée à la Compagnie.

On peut fixer dans ces conditions le prix de revient de la main-d'œuvre aux environs de 9 à 10 francs par homme et par jour de travail effectif. Ce prix n'est nullement exagéré. C'est celui qu'on payait encore sur les placers du groupe de Saint-Élie, il y a quelques années, avant que les voies de communication économique dont ce district minier dispose à présent aient été établies. Ces placers étaient cependant, dès cette époque, dans une position infiniment meilleure au point de vue de la facilité d'accès que ceux du Haut-Maroni.

Les cultures sur les placers. — Un moyen puissant pour abaisser le prix de revient de la main-d'œuvre sur les placers, c'est l'institution sur place de cultures vivrières susceptibles de mettre, à bas prix, à la disposition du personnel et des ouvriers, une nourriture végétale saine, appropriée au régime des noirs et dont l'adoption produit sur le régime sanitaire de ces hommes une influence des plus heureuses. Toutes les exploitations sur lesquelles on a pris la peine d'exécuter un abatis et de planter, sur le terrain mis ainsi à nu, du manioc, des bananes et de la canne à sucre, ont vu immédiatement une décroissance considérable dans le pourcentage des maladies qui atteignent les employés et les ouvriers. C'est, en outre, une nourriture qui plait beaucoup aux noirs et qui contribue à les retenir sur le placer ou à les y faire revenir, de préférence à ceux où on ne les nourrit que de conserves.

II. — EXPLOITATIONS DE LA RIVIÈRE SINNAMARY.
PLACER SAINT-ÉLIE.

Les deux principaux placers de ce groupe, ceux de Saint-Élie et de Dieu-Merci, qui sont limitrophes l'un de l'autre, ont donné et donnent encore des quantités d'or très importantes. Le placer Dieu-Merci est arrêté depuis quelques années, par suite de difficultés judiciaires. Il est partiellement affermé en ce moment. Quant au placer Saint-Élie, son exploitation s'est continuée constamment, depuis sa première campagne en 1878.

Voici le tableau de production de ce placer depuis cette époque.

TABLEAU DE PRODUCTION, DE 1878 A 1897 INCLUS,
DU PLACER « SAINT-ÉLIE ».

ANNÉES	SAINT-ÉLIE	
	Production	Valeur
	Kilogr.	Francs
1878 (2 mois, 4 jours)	78,8	261.364
1879	359,6	1.196.767
1880	519,8	1.733.758
1881	453,8	1.515.222
1882	502,9	1.672.053
1883	498,1	1.655.041
1884	594,1	1.977.7 0
1885	360,8	1.201.355
1886	465,4	1 545.378
1887	518,2	1.718.988
1888	343,3	1.139.822
1889	205,2	683.909
1890	254,9	843.739
1891	225,8	742.682
1892	197,2	654.437
1893	181,5	599.331
1894	182,7	605.737
1895	163,3	539.163
1896	221,6	730.658
1897	198,4	653.307
TOTAL	6.524,4	21.670.411

Sauf pour le placer Saint-Élie, dans la production totale duquel entre depuis un ou deux ans une petite production d'or filonien provenant d'A-Dieu-Vat, la totalité de ces chiffres a été fournie par l'or alluvionnaire.

Tramway de la Cie *de Saint-Élie.* — Depuis une dizaine d'années, la Cie de Saint-Élie a réalisé de réels progrès dans son exploitation, tant au point de vue purement technique qu'à celui des moyens de transport. Elle a créé la première voie de communication par rail entre son dégrad sur la Crique Tigre et ses centres principaux d'exploitation. Cette ligne, de 32 kilomètres de longueur, vient d'être terminée tout récemment. Les trains de wagonnets, traînés par des mulets, y circulent d'un bout à l'autre. On peut, dans ces conditions, prévoir que la Société de Saint-Élie, indépendamment des facilités que lui procure désormais cette voie pour amener sur place le matériel destiné aux exploitations filoniennes, pourra relaver avec fruit les résidus de ses exploitations antérieures. Elle a déjà largement puisé dans cette réserve, et c'est même encore à ce moment la principale source de sa production ; mais il est hors de doute qu'il lui reste encore tant dans ses relavages que dans les parties encore vierges, considérées jusqu'à présent comme ayant une teneur insuffisante, des ressources importantes pour maintenir le niveau de sa production annuelle, en attendant la mise en valeur de ses gisements filoniens, qui constituent son réel avenir.

C'est à Saint-Élie qu'on peut voir une des installations les mieux comprises pour amener dans les criques latérales et à flanc de montagne, l'eau du cours d'eau principal, au moyen de laquelle il est possible de tirer parti des terres de montagnes et des alluvions situées dans les criques sèches situées en aval de l'Établissement Central. C'est aussi un des rares placers sur lesquels on trouve un médecin et où l'on fasse des cultures pour alimenter les hommes avec des vivres frais.

Le prix de la main-d'œuvre s'est ressenti favorablement de ces diverses circonstances ; et, tandis que le coût de la journée effective d'ouvrier s'est maintenu dans les environs de 10 francs par jour de 1878 jusqu'en 1887, il est graduellement descendu depuis lors et n'atteint pas actuellement 7 francs. C'est, comme on le voit, une économie de 30 p. 100 qu'on peut donner pour exemple aux placers qui pourraient au moyen de dépenses, somme toute très modérées, obtenir dans le prix de revient de leur main-d'œuvre, un abaissement similaire.

Teneur des alluvions. — Les alluvions exploitées à Saint-Élie ne dépassent pas, en moyenne, 4 grammes au mètre cube ; mais il est hors de doute que cette limite va s'abaisser notablement dès qu'on aura pu porter sur les lieux, grâce à la création de la voie ferrée, les appareils mécaniques destinés au lavage économique des alluvions pauvres et des tailings.

III. — PLACERS DE LA COMTÉ.

Les placers de la Comté, parmi lesquels je range aussi ceux situés sur les affluents de cette rivière, l'Orapu, la Crique Boulanger, la Counana, etc., communiquent avec Cayenne par des voies navigables au moyen de chaloupes à vapeur. Ces placers ont été, il y a une vingtaine d'années, l'objet d'une exploitation très fructueuse.

Placer Maripa. — Un des plus importants d'entre eux, le placer Maripa, situé dans le bassin de l'Orapu, fut exploité à cette époque par M. Bozonnet, au moyen de la main-d'œuvre économique de coolies indiens qu'il était possible de se procurer dans ce temps-là. On retira de ce placer, qui n'est pas très grand, plus de 11 millions de francs d'or et, depuis cette époque, les relavages exécutés sur les tailings des premiers travaux, ainsi que la reprise de certaines poches oubliées, ont donné encore des quantités appréciables de métal précieux.

Je donne à la Planche VI, *fig.* 2, le plan général de ce placer dont j'ai exécuté le sondage méthodique pendant mon séjour en Guyane. Il ressort de ce plan qu'il ne reste plus, en fait d'alluvions aurifères exploitables, que la partie inférieure du placer dont la teneur moyenne, qui est de 3 grammes environ par mètre cube, va en diminuant rapidement à mesure que l'on s'approche du Tibourou, affluent de l'Orapu, dont le lit ne contient aucune alluvion industriellement exploitable.

Dans la Comté proprement dite, on a repris récemment des exploitations fructueuses. L'une d'elles notamment (Placer Bief), qui se trouve dans des conditions spéciales, permettant d'y employer un certain nombre de coolies indiens, derniers vestiges des anciens convois reçus dans la colonie, a donné dans ces derniers temps des moyennes mensuelles de plus de 10 kilogrammes d'or. On peut tenter aussi dans ces régions, privilégiées au point de vue des voies de communication, des relavages d'anciens placers, dès que leur teneur moyenne atteint 3 grammes. Le prix moyen de la main-d'œuvre, tous frais compris, n'y dépasse pas en effet 6 francs par journée effective de travail.

La partie supérieure de la rivière Comté à partir de l'affluent Galibis jusqu'à ses sources est reconnue comme très aurifère. Le lit même de la rivière donne couramment des teneurs de 10 centimes à la batée (15 francs au mètre cube).

Il en est de même pour l'affluent Bagot de cette même rivière. Ces divers points sont accessibles, par chaloupes à vapeur de faible tirant d'eau, en profitant de l'époque des hautes eaux. Les alluvions de ces cours d'eau se prêtent très bien à une exploitation par dragage.

CHAPITRE III.

AVENIR DES PLACERS GUYANAIS.

Comme conclusion de mes études sur les placers guyanais, je me propose, dans cette dernière partie, de résumer les points sur lesquels il convient d'insister pour améliorer les conditions actuelles de travail dans la colonie et de permettre ainsi le développement des richesses minières qu'elle contient.

Les mesures à prendre sont de natures diverses et, pour plus de clarté, je les examinerai dans leur ordre naturel.

En ce qui concerne tout d'abord les procédés techniques de l'exploitation, j'exposerai les moyens qui, selon moi, doivent être employés d'abord pour la recherche méthodique et ensuite pour l'exploitation rationnelle des placers au moyen d'appareils mécaniques, en donnant comme exemple les premières applications que j'ai pu en faire moi-même sur place pendant la durée de mon séjour et en indiquant les résultats obtenus régulièrement dans les autres pays à placers, où ces moyens sont d'un emploi courant.

Résumant ensuite l'état actuel des connaissances sur l'existence des quartz aurifères dans la colonie et sur les zones d'enrichissement de ces gites, je traiterai avec quelques détails l'importante question de la main-d'œuvre, qui présente, aussi bien pour les alluvions que pour les exploitations de quartz aurifère, un intérêt de premier ordre.

Passant enfin à la question capitale des transports et à la seule solution qu'elle puisse recevoir, c'est-à-dire à la construction d'une voie ferrée reliant les placers à Cayenne, j'indiquerai les moyens qui permettront de réaliser cette œuvre, en utilisant les ressources que peuvent d'ores et déjà fournir les impôts miniers existant, en les combinant avec la concession des terrains aurifères ou agricoles, avoisinant la ligne, conformément aux précédents, déjà nombreux, de voies ferrées construites d'après ces principes dans des pays miniers neufs.

La présence en Guyane d'un nombre de plus en plus grand de transportés et de relégués, dont le travail doit être en principe affecté à des travaux d'utilité publique, permet de trouver un emploi des plus heureux de cette main-d'œuvre dans l'établissement d'une voie ferrée dans la colonie.

Je serai amené enfin, à propos de la question des impôts miniers, à examiner l'état actuel de la législation qui régit les mines dans la Guyane Française. Sans demander de modifications profondes, car les principes sur lesquels elle repose ont démontré par l'usage qu'elle répond aux besoins du pays, cette législation demande à être unifiée pour faire disparaître des anomalies et des lacunes qui peuvent, dans certains cas, créer des conflits et des dangers, non seulement pour les exploitants, mais pour l'Administration elle-même. Je terminerai en examinant rapidement à ce propos, et à titre de comparaison, la législation des Guyanes Hollandaise et Anglaise.

I. — MÉTHODE POUR LES RECHERCHES.

Des levés topographiques en Guyane. — On est privé, en Guyane, d'un important élément d'appréciation dont se rendent bien compte tous ceux qui, par le fait de leurs occupations, ont été appelés à diriger des prospections dans un pays inconnu : c'est l'absence totale de toute vue en dehors du voisinage immédiat du point où l'on se trouve, même quand on se place sur des crêtes élevées. C'est l'effet du manteau continu de végétation forestière, qui règne sur toute la surface du pays. Je n'ai pas vu une seule montagne dénudée pendant tout mon séjour dans la colonie, et les explorateurs primitifs, Le Blond, Crevaux, n'ont jamais manqué de signaler les rares pitons granitiques dépourvus de végétation qu'ils ont rencontrés, comme un fait extraordinaire et digne de remarque.

On ne peut donc pas se faire *a priori* d'idée générale sur l'orographie du pays, ni se renseigner, même approximativement, sur la direction des plissements principaux qui ont affecté la région qu'on se propose d'examiner. On en est réduit, pour l'estimation de la surface probable des bassins des diverses rivières qu'on a l'intention d'explorer, à leur débit comparatif, au point où elles se jettent dans la rivière principale, qui sert de voie de pénétration. Ce n'est pas toujours facile, car le confluent des deux cours d'eau est si fréquemment encombré et même parfois si complètement caché par la végétation intense qui caractérise les bords des rivières, qu'on est exposé de ce chef à de grossières erreurs. Telle rivière, dont l'embouchure passe presque inaperçue quand on n'en connaît pas l'emplacement exact, se trouve, une fois le rideau littoral franchi, être navigable, même en chaloupe à vapeur, sur un parcours de plusieurs dizaines de kilomètres.

Il est inutile de dire que, dans ces conditions, toute triangulation est rendue impossible et que le seul moyen pratique, pour lever des plans, consiste à faire des cheminements par eau ou par terre, à la boussole et au baromètre.

Étapes successives d'une prospection. — Il faut distinguer dans les prospections deux séries de travaux correspondant à deux ordres d'idées bien distincts ; la première série d'opérations, à laquelle s'applique plus spécialement le terme de prospection, a pour but de rechercher dans une région déterminée, généralement vaste, s'il existe ou non des alluvions aurifères. La deuxième série de travaux s'applique plus spécialement aux vallées dans lesquelles la prospection d'ensemble a démontré déjà l'existence de l'or, même en quantité non payante, et constitue, à vrai dire, plutôt un travail préparatoire de sondage, qu'une prospection proprement dite.

Les uns et les autres de ces travaux doivent s'exécuter suivant certaines règles que je vais établir.

1° *Prospection préalable.* — En principe, ces recherches doivent s'exécuter au moyen de lignes droites, dirigées à l'intérieur des zones d'enrichissement, parallèlement à leur direction générale, c'est-à-dire, comme je l'ai expliqué en détail dans la première partie de cet ouvrage, suivant une direction approximativement Est-Ouest. On doit s'attacher surtout, dans leur exécution, à se diriger parallèlement au plissement général du pays, de façon à recouper successivement le réseau des rivières descendant d'un même côté du plissement principal, ce qui multiplie d'autant, comme on le conçoit aisément, les chances de recouper des alluvions aurifères, s'il en existe dans la région considérée.

Du tracé des lignes. — La position de cette ligne par rapport à la ligne de faîte principale n'est pas indifférente.

Il est tout aussi fâcheux de prospecter les alluvions par leur tête que par leur extrémité inférieure en plaine. Dans le premier cas, en effet, on se trouve dans une région d'accès extrêmement difficile ; les ravins, encombrés d'énormes cailloux roulés, se prêtent mal à la prospection : l'or, irrégulièrement réparti en nids, peut facilement échapper aux recherches. Dans le second cas, la couche de stérile est généralement très épaisse, les teneurs infimes ; l'alluvion très élargie exige souvent le creusement de plusieurs trous pour rencontrer la partie la plus riche, la « veine » du placer.

C'est à mi-côte, dans les parties où la pente moyenne du fond ne dépasse pas $1\frac{1}{2}$ à 2 p. 100, que se trouvent réunies les conditions les plus favorables à la rencontre d'un enrichissement maximum. C'est donc dans cette zône qu'il convient d'établir le point de départ de la prospection.

Conduite de la ligne. — Il importe, une fois qu'on s'est engagé sur le versant d'une chaîne, de ne pas passer, au moins sans le savoir, sur un versant opposé. Il ne faut pas se fier uniquement au fait qu'on rencontre des criques coulant en sens inverse de la direction générale du versant, pour en conclure qu'on a franchi la ligne de faîte ; car il arrive fréquemment que les criques font des coudes brusques et qu'on rencontre, après un certain parcours, la même crique qui avait paru avoir une direction anormale, coulant cette fois dans le bon sens.

Emploi du baromètre. — C'est dans ces cas que le baromètre constitue un précieux auxiliaire, car, en le consultant chaque fois qu'on traverse un thalweg ou une crête, on se rend parfaitement compte des niveaux respectifs des différents thalwegs, ce qui donne une indication précise, exacte, au point de vue de la limitation des divers bassins qu'on recoupe.

Les variations barométriques sont, en général, assez faibles en Guyane et, pourvu qu'on ait le soin d'exécuter les mesures en dehors des heures où se produit l'orage journalier, qui tombe presque à heure fixe dans l'après-midi, on est à peu près sûr de ses cotes, en faisant l'opération deux à trois fois pendant qu'on relève la ligne.

La principale difficulté est de se rendre compte des **variations de direction de la crête principale, qui peuvent se produire au fur et à mesure de l'avancement du travail** et qui peuvent rejeter la ligne soit trop haut, soit trop bas. On en est bien prévenu par la diminution graduelle de pente des thalwegs ; mais c'est une indication qu'il est quelquefois bien difficile de relever et qui demande en tous cas du temps. Il est préférable, quand on a lieu de craindre cette complication, de faire exécuter par des noirs une simple trace de chasseurs pour aller rejoindre la crête, ce dont on profite pour prendre son altitude et sa direction, et rectifier en conséquence la ligne d'opération.

Débroussaillement de la ligne. — On doit exécuter le débroussaillement et l'abatage de tous les petits arbres qui peuvent se couper au sabre, sur une largeur de 2 mètres au moins, de façon à permettre une circulation relativement aisée des porteurs dans la ligne. C'est par cette voie, en effet, que doivent s'exécuter tous les transports et tous les ravitaillements de l'expédition. En conséquence, on établit un camp tous les 6 kilomètres, et dans chaque tronçon de 6 kilomètres on affecte un homme au transport des vivres dans chacune des sections qu'on crée de la sorte. Comme il est de règle de mettre toujours au moins deux hommes dans un camp en forêt pour éviter les accidents toujours possibles, les deux hommes desservant deux sections successives couchent dans le même camp, de 12 en 12 kilomètres. A jour dit, généralement de deux en deux jours, les hommes des deux sections voisines viennent correspondre au camp intermédiaire, y échangent la correspondance et les marchandises, qui sont acheminées, le lendemain, sur la section suivante, et ainsi de suite. Les camps consistent en un ou deux carbets ou paillottes établis sous bois, sans faire d'abatis. C'est une affaire d'une ou deux journées de travail à quatre hommes, suivant la distance à laquelle il faut aller chercher les feuilles spéciales pour la toiture.

Le travail de prospection proprement dit doit s'exécuter de la façon suivante : trois hommes, munis de sabres d'abatage et d'une cognée, travaillent à l'avancement de la ligne ; l'un d'eux, muni de la boussole, donne la direction à suivre. S'ils sont convenablement nourris et s'ils travaillent à la tâche, ils peuvent donner un avancement moyen journalier de 2 kilomètres. L'équipe de prospection qui suit le chantier de débroussage, en faisant au moins un sondage dans chaque thalweg, et un nombre plus grand aussitôt que le premier sondage a démontré la présence de l'or ou du sable noir, ne comporte pas plus de quatre hommes, car il s'agit, dans les travaux de ce genre, d'aller vite, de couvrir rapidement une grande surface pour revenir ensuite dans les vallées où on a trouvé la couche payante. On y entreprend alors la seconde série des travaux de prospection, c'est-à-dire les sondages dont je vais m'occuper tout à l'heure. Enfin le personnel se complète d'un chef de prospection sachant manier la boussole et le baromètre, des porteurs logés dans les camps intermédiaires et d'un magasinier au dégrad.

Dans ces conditions, une prospection ayant en vue un développement total de 60 kilomètres de lignes, comporte, comme on le voit, le personnel suivant :

Chef d'expédition..............	1	homme
Débroussage..................	3	hommes
Prospection..................	4	—
Convoyeurs (5 postes de 2 hommss)	10	—
Magasinier..................	1	—
Malades et indisponibles..........	5	—
Total..........	24	hommes

Durée et frais d'une prospection. — Elle peut s'exécuter facilement, non compris, bien entendu, le temps nécessaire pour arriver de Cayenne au dégrad, dans une période de deux mois, y compris le temps nécessaire pour la construction des carbets au dégrad et sur la ligne. On peut estimer les frais qu'elle entraine à 15.000 francs.

Il va sans dire qu'on doit avoir pris préalablement le soin de couvrir, par un permis de recherches, les terrains sur lesquels opère l'expédition, afin de se mettre à l'abri d'un abus de confiance.

Une prospection de ce genre est à peu près assurée de rencontrer une ou plusieurs vallées dignes de recevoir des lignes de sondages, dont l'exécution doit se faire en observant aussi certaines règles que je vais exposer plus loin avec les détails nécessaires.

Des plans de prospection. — Il faut exiger, dans l'exécution du travail de prospection, que le chef d'expédition établisse, *au jour le jour*, un plan détaillé de la ligne comportant les indications suivantes :

1° Direction de la ligne ;

2° Distance, *mesurée avec la chaîne d'arpenteur*, séparant les crêtes et les thalwegs rencontrés, avec cote barométrique de ces points successifs ;

3° Largeur des vallées rencontrées, mesurées de montagne à montagne ;

4° Sens et direction du cours d'eau qui y coule ;

5° Résultat donné par les batées de prospection dans les vallées explorées.

En opérant ainsi, on a non seulement l'avantage de tenir son personnel en haleine, mais encore il reste une trace des travaux exécutés, qui en permet la vérification éventuelle. Dans ces conditions, on est certain de ne pas s'exposer à envoyer des expéditions qui passent leur temps à la chasse.

2° *Exécution des sondages.* — Une fois qu'on est arrivé à localiser les recherches par cette première série de travaux, on entreprend dans la ou les vallées où la présence de l'or est signalée, les sondages destinés à en permettre le cubage au moins approximatif. C'est ici qu'il importe de ne pas se presser et de ne pas céder à la tentation générale de monter à la hâte, avec l'équipe même de prospection, un sluice de fortune, de quelques dalles seulement de longueur, dans le but de rembourser au plus tôt les frais avancés, sans s'inquiéter de constater avant tout si on a affaire à une alluvion régulière, comportant une installation correspondant à sa valeur, ou bien si on est tombé sur un nid isolé qu'on est alors parfaitement en droit d'enlever, pour rembourser, au moins en partie, le risque couru et les frais avancés.

Quoi qu'il en soit, il importe que les sondages soient exécutés méthodiquement suivant des lignes perpendiculaires à la vallée, équidistantes entre elles de 300 mètres pour le premier réseau destiné à donner une idée générale de la richesse et de l'étendue de l'alluvion. On le complète, si les résultats sont encourageants, par des lignes intermédiaires de 100 mètres en 100 mètres, et même de 50 en 50 mètres, si la teneur est bonne. Même observation pour le nombre des trous à exécuter dans chacune des lignes. On peut se contenter dans le début de trois à quatre trous par ligne; mais ce qui importe surtout, c'est de les exécuter *à travers toute la vallée*, sans se fier à la position actuelle de la rivière, la veine aurifère souterraine ayant fréquemment une direction différente, se bifurquant même parfois en plusieurs filets, témoins de l'existence d'îlots dans l'ancienne rivière aurifère. Ces déviations, ces divisions de la couche payante, risquent de passer inaperçues, si les sondages sont confinés, comme c'est l'habitude, dans le voisinage immédiat du cours d'eau actuel.

De l'emploi des sondes à tiges. — Je me suis servi exclusivement, pour l'exécution de mes sondages pendant tout mon séjour en Guyane, d'un appareil portatif à tiges que j'avais apporté avec moi, et qui m'a permis de mener rapidement à bien et en peu de temps, un nombre considérable de sondages. J'ai dû cependant utiliser, pour l'emploi de cette sonde, un personnel qui était tout à fait étranger à son maniement, car, à ma connaissance, personne n'avait eu recours d'une manière courante jusqu'à ce jour en Guyane, à ce petit matériel de prospection. Les objections des placériens guyanais, relatives à son emploi, tiennent surtout à la nécessité de transporter en forêt les tiges vissées et les instruments de sondage proprement dits, cuillers, trépans, cloches à soupape, etc., ce qui augmente le nombre des convoyeurs nécessaires.

Il faut reconnaitre d'ailleurs que, pour les sondages de faible profondeur et dans lesquels la venue d'eau est faible, l'avantage des appareils à tige sur les procédés de sondage locaux est faible; il devient, au contraire, incomparablement supérieur, aussitôt que la profondeur de la couche dépasse 2 mètres et que les infiltrations prennent une certaine importance. On objecte aussi à ces appareils la quantité restreinte d'alluvion qui est amenée au jour par la cuiller et qui oblige la plupart du temps à faire l'essai à la batée, sur une fraction du volume habituellement essayé dans cet instrument, volume qui est, comme je l'ai dit, de 7 litres environ. Il suffit d'avoir à sa disposition une balance un peu sensible pour pouvoir apprécier exactement la teneur de l'alluvion, même en opérant sur une quantité inférieure à 7 litres, de sorte que l'objection tombe d'elle-même; mais il faut en tout cas avoir grand soin, quand on vide la cuiller, de mesurer exactement, en la tassant dans un double litre, la terre sur laquelle on opère. On est certain dans ces conditions de ne commettre qu'une erreur très faible sur la teneur véritable de l'alluvion. La rapidité avec laquelle s'opère le forage d'un trou permet de multiplier beaucoup le nombre de ces derniers, et on obtient en définitive, par ce moyen, une appréciation infiniment plus exacte, plus rapide et plus précise de la teneur moyenne à attendre de l'exploitation, que par le système actuel.

J'ai dû d'ailleurs, à plusieurs reprises, pour convaincre les incrédules, opérer simultanément dans le même endroit deux sondages jointifs, l'un avec l'appareil à tige, l'autre par puits de prospection, de dimensions normales. Il est résulté de cette comparaison, que le temps nécessaire pour atteindre, avec une cuiller de sondage, une couche à 3 mètres de profondeur, avec une venue d'eau presque négligeable, dans des conditions par conséquent défavorables aux appareils à tige, était moitié moindre que celui exigé par les deux pelleteurs, qui prennent une demi-journée pour faire un trou semblable. Au-delà de cette profondeur, la différence en faveur des appareils à tige s'accuse encore plus nettement. Le nombre des manœuvres nécessaires pour le maniement de l'outil de sondage est de quatre seulement.

Sondages à contre-versant. — C'est ici le moment de rappeler que le sondage d'un gisement aurifère ne doit jamais se borner à la simple exécution d'une série de lignes équidistantes, pratiquées en travers de la vallée qui le contient, surtout lorsque les résultats donnés par les premiers travaux donnent des espérances sérieuses. Il faut aussitôt passer sur le versant opposé de la chaine, dans laquelle le cours d'eau prend sa source, et prospecter attentivement ce versant, surtout au droit de la découverte aurifère faite sur le côté primitivement exploré. On établit à cet effet une ligne franchissant la crête, descendant sur le versant opposé jusque dans la zone à thalweg moyennement incliné, et on trace dans cette partie une ligne parallèle à la direction générale de la crête, ligne qui sert, comme la tranchée primitive à travers bois, aux prospections à contre-versant.

Bien des placers ont échappé aux inventeurs primitifs, par suite de la non-observation de cette règle, pourtant si simple, de la prospection à contre-versant.

On trouvera (Pl. VI, *fig.* 2) un exemple de prospection méthodique exécutée par moi-même au placer Maripa, en septembre 1897.

II. — EXPLOITATION DES ALLUVIONS
PAR MOYENS MÉCANIQUES.

Nécessité d'une réforme. — J'ai indiqué au Chapitre II, à propos de l'organisation d'un sluice guyanais, les modifications à apporter à cet appareil sans en changer la disposition d'ensemble, pour améliorer son rendement et économiser la main-d'œuvre qu'il exige. Mais on comprend, sans qu'il soit besoin d'insister, que ce ne sont là que des moyens insuffisants pour changer la face des choses et pour permettre l'exploitation économique du nombre considérable de placers qui restent actuellement inutilisés, par suite du coût élevé des moyens d'exploitation actuels. Mais il y a plus: les exigences croissantes de la main-d'œuvre locale, le nombre restreint de bras disponibles, l'organisation vicieuse des travaux à laquelle il est si difficile de porter remède, parce qu'on se butte incessamment à des habitudes invétérées et à des situations acquises, sont des éléments qui agissent si puissamment pour le maintien de l'état de choses actuel qu'il est nécessaire, pour accomplir un progrès, de faire un effort, un pas en avant, en rompant nettement avec les anciennes méthodes et en inaugurant, avec l'emploi de procédés mécaniques, l'ère de l'exploitation rationnelle des alluvions guyanaises.

De l'emploi des appareils mécaniques pour l'exploitation des alluvions. — Un pareil programme eût été traité sinon d'utopie, au moins de témérité, il y a seulement dix ans. On voit en effet, dans les publications datant de cette époque, poindre timidement l'espoir de voir utiliser un jour des dragues et des excavateurs sur les alluvions guyanaises, mais sans donner d'indications précises sur ces moyens, ni sur les résultats à en attendre.

La situation est bien changée maintenant. Le mouvement, après les premiers essais infructueux de dragage commencés il y a plus de vingt ans, s'est définitivement dessiné en faveur de ces appareils en Nouvelle-Zélande d'abord, depuis sept à huit ans. J'ai assisté à ses débuts pendant mon voyage de 1886 dans cette contrée. En 1895, le dragage des alluvions aurifères était parvenu dans ce pays à un développement tel, que dès cette année-là on comptait, sur la seule rivière Clutha, vingt-cinq dragues en activité et que les ateliers de construction de Dunedin, bondés de commandes, étaient obligés de refuser des contrats pour la construction de nouvelles dragues à or (*).

Dragages aurifères aux États-Unis. — De là, le mouvement a gagné les États-Unis, qui sont entrés sans hésiter dans cette voie, toute naturelle pour un peuple comme les Américains, qui admettent comme un axiome que, s'il est, *a priori*, toujours avantageux de remplacer la main de l'homme par le travail d'appareils mécaniques, il est évident, d'ailleurs, que cet avantage est d'autant plus précieux que la main-d'œuvre est plus rare et plus chère sur place.

Dans ce dernier pays on utilise deux sortes d'appareils.

Emploi des dragues. — 1° Des dragues, c'est-à-dire des appareils flottants qui excavent le gravier à l'avant, le lavent dans un appareil approprié porté par le ponton même, et rejettent enfin en arrière les résidus stériles. C'est aussi l'appareil de prédilection des placériens de Nouvelle-Zélande, qui l'emploient d'ailleurs indifféremment dans une rivière flottable ou dans les vallées arrosées sim-

---

(*) Voir les détails très complets sur cette industrie du dragage donnés par le *Report of Geological Survey of New-Zealand*, p. 151.— John MACKAY, *Governement Printer*, Wellington, 1896.

plement par un cours d'eau insignifiant, pourvu que, dans ce dernier cas, on puisse inonder le chantier et que l'épaisseur accumulée du stérile et de l'alluvion aurifère soit supérieure au tirant d'eau de la drague. C'est, on peut le dire, le cas général, car les appareils de ce genre, montés sur deux larges pontons, une fois mis en charge, ne calent pas plus de 2 à 3 pieds d'eau.

Emploi des excavateurs. — 2° Des excavateurs montés sur rails qui travaillent à sec, en enlevant l'alluvion par paquets successifs, au moyen d'appareils à mâchoires ou de bennes à griffes, extrayant environ 1 mètre cube à la fois, maniées par une grue. Cette dernière déverse alors son contenu soit dans des wagons transportant les matières à un lavoir fixe — c'est la formule sibérienne, — soit sur un truc portant avec lui un sluice de lavage mobile disposé de façon à ce que les tailings, rejetés en dehors du chenal creusé par l'appareil, ne viennent pas, en empêchant l'écoulement des eaux, inonder le chantier d'abatage. Ces appareils sont assez répandus dans le Montana et en Californie, et il en a été donné récemment de bonnes descriptions dans le *Engineering and Mining Journal* (*).

Plusieurs maisons de construction de premier ordre se sont fait une spécialité de la construction de ces appareils. La force motrice nécessaire est fournie tantôt par la vapeur, les chaudières et la machine motrice sont alors placées sur le ponton même de la drague, tantôt par l'électricité et, dans ce cas, la génératrice placée à terre transmet à la drague la force motrice nécessaire au moyen d'un fil.

Voici, pour fixer les idées, la description des derniers appareils de ce genre qui ont été mis récemment en marche sur divers placers aux États-Unis.

(*) *Engineering and Mining Journal.* — Numéro du 20 Novembre 1897, p. 607 et suivantes.

Drague de la rivière Barmack (Californie). — Sa longueur est de 102 pieds (31^m,084), sa largeur de 36 pieds (10^m,971), et son tirant d'eau d'environ 3 pieds (0^m,911). La membrure est formée d'une forte charpente en bois, et son poids total, y compris les machines, les chaudières et les autres accessoires, est d'environ 700.000 livres (317 tonnes). Pour procéder à la mise à l'eau d'une drague pareille, on construit en aval du point où s'est fait le montage à sec, une digue en travers de la vallée pour faire flotter l'appareil. Après la mise en train, la drague fait elle-même son lit en rejetant derrière elle l'alluvion qu'elle a excavée sur l'avant.

La vapeur est fournie par deux chaudières tubulaires en acier, genre locomotive, avec des grilles disposées de façon à pouvoir utiliser du bois de pin ou de sapin comme combustible. Chaque chaudière a une force de 125 chevaux. Immédiatement derrière les chaudières sont placés les divers servo-moteurs qui actionnent la chaine à godets, élèvent ou abaissent l'élinde et manœuvrent les câbles de papillonnage aboutissant à l'avant de la drague. Ces câbles sont ancrés sur les rives de façon que la drague papillonne en cercle autour de son pivot fixe. Tous ces engins sont sous la main d'un seul mécanicien, qui se tient dans une cabine vitrée située au-dessus du pont supérieur. De ce poste il surveille toutes les opérations et manœuvre les machines suivant les besoins, au moyen d'une série de leviers de commande.

La chaine sans fin, garnie de trente-six godets, aboutit en face de lui. L'élinde, qui est fixée à sa partie supérieure à un arbre horizontal de 4 3/8 pouces (0^m,882) de diamètre, a une longueur qui permet aux godets de creuser à une profondeur de 38 pieds (11^m.58). Une fois remplis, ces derniers passent au-dessus du tourteau supérieur et se déversent de là dans une trémie. Les godets sont soutenus dans leur parcours le long de l'élinde par une série de petits rouleaux qui en répartissent la charge et facilitent le mouvement d'ascension.

Ces godets sont en tôle d'acier doux Bessemer, et leurs bords, ainsi que toutes les parties sujettes à l'usure, sont disposés de façon à ce qu'on puisse les changer facilement. Les chaînons ont une longueur de 2 1/2 pieds (0^m,761); ils portent alternativement, de deux en deux chaînons, un godet qui fait corps avec le maillon lui-même.

Pour atténuer l'usure inévitable produite par le sable, on se sert pour les axes de la chaîne à godets du joint breveté Robinson, garni de caoutchouc.

Les godets ont une capacité de 5 pieds cubes, soit 148 litres, et fonctionnent à la vitesse de 14 par minute.

Papillonnage. — La drague est munie à l'arrière de deux forts pieux verticaux, ayant comme dimensions 42″ × 18″ × 50′ = (1^m,066 × 0^m,457 × 15^m,244) et pesant chacun plus de 11.000 livres (5 tonnes). Ces pieux sont munis d'une pointe d'acier à leur extrémité inférieure, et ils sont installés de façon à pouvoir à volonté être mécaniquement relevés ou abaissés. Ils servent à faire avancer ou reculer la drague par leur jeu alternatif combiné avec le papillonnage. Leurs mouvements s'opèrent au moyen de deux cylindres à vapeur agissant directement sur un talon *ad hoc* fixé sur chacun d'eux. Chacun de ces cylindres peut produire un effort vertical de 24 tonnes. Au cours du dragage, un de ces pieux est mouillé sur le gravier du fond et forme le pivot autour duquel le bateau évolue pendant le papillonnage.

Le mouvement descendant de l'élinde s'opère par tranches de 6 pouces (0^m,152) de hauteur pour chaque papillonnage en cercle ; c'est-à-dire qu'on enlève une épaisseur de terrain de 6 pouces (0^m,152) de hauteur sur 8 pieds (2^m,438) de largeur, cette dernière mesure correspondant à la portion de la chaîne à godets qui traîne horizontalement sur le fond. On continue à abaisser ainsi l'élinde par tranches successives, jusqu'à ce qu'on ait atteint le bed-rock. Si ce dernier est tendre, on le drague jusqu'à ce qu'on constate sa stérilité.

La trémie qui sert de décharge aux godets est soumise à un fort arrosage par jets croisés. Les graviers et l'eau, mélangés, descendent dans un trommel circulaire qui est lui-même abondamment arrosé. Cet appareil a 12 pieds (3^m,657) de long et 48 pouces (1^m,219) de diamètre avec une inclinaison de 3 pouces (0^m,076) par pied (environ 25 p. 100). Les trous ont 1/2 pouce (0^m,012) de diamètre. Les cailloux supérieurs à cette dimension sont séparés du gravier plus fin et du sable, et rejetés directement par une culotte latérale sur les côtés de la drague.

Les matières plus fines tombent dans une seconde trémie, qui est immergée sous l'eau au milieu de la drague, où on la maintient par des chaines. Cette trémie est de dimensions réduites et se termine par un tuyau de quinze pouces (0^m,38) de diamètre, aboutissant à une pompe centrifuge. Cette pompe est du type Fred.-K. Prescott ; elle envoie le mélange d'eau et de sable aspiré dans la trémie par le tuyau d'amenée, dans un sluice placé sur le pont supérieur. La pompe fait 250 tours par minute et débite pendant le même temps de 3 à 5.000 gallons (13.620 à 22.700 litres). En passant à travers la pompe centrifuge, le gravier est entièrement désagrégé, et l'or est mis complètement en liberté ; 98 p. 100 de l'or contenu dans l'alluvion restent dans les sluices. La drague est aussi munie d'une pompe Dean, de grande capacité, qui fournit l'eau aux trémies et au trommel. Elle sert aussi à arroser les portées de la pompe Prescott, pour chasser le gravier et le sable et empêcher par conséquent l'échauffement qui pourrait en résulter.

Il y a donc deux sluices. Le premier est installé sur le pont supérieur, juste derrière le poste du mécanicien. Il a 30 pieds (9^m,143) de long, 30 pouces (0^m,762) de profondeur et 40 pouces (1^m,016) de largeur. Il aboutit à un sluice placé en contre-bas, qui a 56 pieds (17^m,068) de longueur. Ce dernier sluice est suspendu, en porte-à-faux, à l'arrière de la drague au moyen de haubans aboutissant à un chevalement triangulaire. Ces sluices sont en tôle d'acier et munis d'un faux fond en plaques d'acier carrées, perforées de trous, séparées du fond par une distance de 3 pouces (0^m,076), laissant un vide dans lequel viennent se loger l'or et les sables lourds, tandis que les pierres et les graviers légers, débarrassés de tout l'or qui y était attaché, sont entraînés par le courant d'eau. Le poids en marche normale du sluice en porte à faux est de 36.000 livres (16.330 kilogrammes). On peut donner à ce sluice un déplacement latéral au moyen de câbles, ce qui permet d'accumuler les tailings sur un point déterminé. Pour remédier à l'inclinaison qui pourrait résulter de ce mouvement latéral, la drague est munie de deux water-ballasts ayant chacun 42 pieds (12^m,801) de long, 12 pieds (3^m,657) de large et 42 pouces (1^m,066) de creux, placés au-dessous du pont inférieur le long du bateau. On pompe de l'eau dans le caisson opposé quand on désire déplacer le sluice latéralement, et on rétablit ainsi l'horizontalité de la drague. La *fig.* 1 de la Planche VI (*) donne le plan et la coupe de la drague que je viens de décrire, mais il faut noter que des modifications de détails ont été apportées dans l'exécution de la drague représentée par ces dessins, bien que dans son ensemble cet appareil soit conforme à la description que je viens d'en faire.

La drague est munie d'une installation d'éclairage électrique, permettant le travail pendant la nuit. La main-d'œuvre nécessaire se compose de huit hommes par poste.

(*) Ces plans ont paru dans le n° 20 de l'*Engineering and Mining Journal* de 1897. L'éditeur de cette importante publication a bien voulu m'autoriser gracieusement à en faire la reproduction dans les *Annales des Mines*.

Prix de revient du dragage. — Le prix de revient du dragage au moyen de cet appareil à vapeur, en marche normale, est de 9 cents par yard cube (0^{m3},764), soit 0 fr. 62 par mètre cube. Ce prix comprend tous les frais de dragage proprement dits. ainsi que les salaires, les réparations courantes et la surveillance, mais l'amortissement n'y figure pas.

Drague électrique F.-L. Graves. — Avec la *F.-L. Graves*, autre drague plus récente, sortie en 1897 des mêmes ateliers, sur laquelle l'électricité est employée comme force motrice, le prix de revient a été de 4 1/2 cents par yard cube (0^{m2},764), soit 0 fr. 31 par mètre cube.

Drague du placer Bon-Accord. — La drague qui a été construite en 1896 pour le placer « Bon-Accord Limited » diffère de la *A.-E. Greater* en ce que l'élinde a son beffroi très élevé, dominant notablement le niveau du pont supérieur, ce qui supprime le relevage ultérieur des fines. L'alluvion extraite est déchargée par les augets dans une trémie qui communique avec le trommel : ce dernier est placé sur le pont supérieur.

Après avoir été débourbée et séparée des gros cailloux, l'alluvion finie passe directement dans les sluices. Cette disposition supprime la pompe centrifuge, et il sera très intéressant de se rendre compte des avantages comparés des deux dispositifs. Si le travail de désagrégation de l'alluvion est suffisamment complet par le simple passage à travers le trommel, il est probable qu'on adoptera dans l'avenir cette solution simple, tout au moins pour le traitement des graviers non argileux.

Sur la drague électrique *F.-L. Graves* le gravier qui sort du trommel débourbeur est pris par un élévateur à godets et envoyé au sluice ; mais la désagrégation est imparfaite, et la perte de métal précieux est beaucoup plus grande que sur la drague *A.-E. Greater*.

Sur la drague de la Société « Chicago Mining and

Developing C° » on a installé au contraire une pompe pour élever les sables dans le sluice. Elle a été construite par les ateliers « Morris Machine Works ».

Dispositifs variés pour le sluice de queue sur les dragues. — Le sluice en porte-à-faux de la drague *A.-E. Greater*, qui a été décrit plus haut, n'a pas donné complète satisfaction. Il sera remplacé, au printemps de 1898, par le système du bateau-porteur annexe, employé sur d'autres dragues. Cette solution consiste à placer le sluice de queue sur un flotteur séparé du corps principal de la drague. La jonction des deux bateaux s'opère au moyen d'une cheville ouvrière. On peut, grâce à cette combinaison, employer des sluices beaucoup plus longs et indépendants des vibrations qui se produisent sur la drague quand elle fonctionne. Le seul inconvénient du flotteur en queue, c'est la possibilité des échouages sur les tailings rejetés à l'arrière, surtout quand, au lieu de travailler sur des rivières plus ou moins profondes, on s'attaque à des placers proprement dits.

Dragages sur la rivière Yuba (Californie) (*). — Voici les caractéristiques de cette drague, construite dans les ateliers Risdon à San-Francisco dans le courant de l'année 1896. Elle appartient au type classique des dragues néo-zélandaises, qui sont le résultat d'une longue évolution et qui sont arrivées aujourd'hui à donner des rendements excellents.

Le maniement de l'appareil exige seulement une équipe de deux hommes pour extraire 90 yards cubes par heure d'une profondeur de 45 pieds, ce qui correspond, en chiffres métriques, à un rendement de $68^{m3},760$ par heure, à une profondeur de 14 mètres avec une puissance de 37 chevaux seulement ; et encore, plus de la moitié de cette puissance est employée à pomper l'eau nécessaire au

---

(*) *Engineering and Mining Journal*, 11 Décembre 1897. p. 699.

débourbage de gravier, soit un cube d'environ 3.000 gallons (13.620 litres) par minute : 11 fois le volume de l'alluvion à laver.

Prix de revient. — Le prix de revient varie de 3 à 5 cents par yard cube, soit 21 à 35 centimes par mètre cube.

La machine est placée sur un ponton en bois ayant les dimensions suivantes :

Longueur........	100 pieds (30^m,479)
Largeur..........	23 — (7^m,010)
Hauteur.........	5 — (1^m,523).

Une échancrure de 5 pieds (1^m,523) de large pour le passage de l'élinde est réservée sur une longueur de 75 pieds (22^m,859) dans la partie centrale de la drague. L'appareil appartient au type des dragues à godets. L'élinde de 67 pieds (20^m,420) de longueur porte 37 godets ayant chacun 3 pieds cubes (85 litres) de capacité. Ces derniers déchargent leur contenu à raison de 15 par minute. Les matières passent dans un trommel qui élimine les grosses pierres par une culotte latérale ; les fines sont envoyées sur des tables de dépôt. Ces dernières présentent une très grande surface d'écoulement, de façon à ce que l'épaisseur d'eau qui les couvre ne dépasse pas quelques centimètres ; tout est disposé de façon à sauver l'or en farine, mélangé à une forte proportion de sable noir, ainsi qu'on le trouve généralement dans le lit des rivières de Californie. La pompe est actionnée par une machine spéciale. Il en est de même pour le treuil de papillonnage. Ce dernier est aussi installé de façon à commander le mouvement d'élévation et d'abaissement de l'élinde, qui est supportée par une paire de moufles fixés à une forte potence placée à l'extrémité du ponton.

La drague est établie sur le principe suivant : c'est qu'il est impossible, quand on se propose de manipuler de grandes quantités de gravier et de sable, d'éviter l'usure de certaines pièces. Il est donc indispensable, pour travailler économiquement, de disposer les choses de façon que, tout en construisant les parties frottantes en matériaux de premier choix, elles soient de petites dimensions et faciles à remplacer. Ce principe a été appliqué rigoureusement à toutes les parties de la drague, même les plus insignifiantes.

La même Compagnie est en train de construire (Décembre 1897) une autre drague du même genre, mais qui est destinée à travailler, non pas dans une rivière, mais dans un terrain sec en apparence, dans lequel le niveau naturel de l'eau est à 18 pieds (5^m,486) environ au-dessous de la surface de la vallée, et à 24 pieds (7^m,314) au-dessus du bed-rock.

Ces divers exemples, pris sur des appareils en fonctionnement, montrent quelle est la souplesse de ces dragues spéciales pour s'adapter aux conditions variées qui peuvent se présenter dans l'exploitation des alluvions aurifères, et combien est large par conséquent le champ ouvert à leur activité présente et future.

Applications du dragage en Guyane. — L'application des moyens économiques dont je viens de donner des exemples, au dragage des alluvions aurifères en Guyane vient d'autant plus naturellement à l'esprit que l'objection fondamentale qui peut être faite à l'emploi de ce procédé disparaît en Guyane, à cause de la nature argileuse du bed-rock, dont j'ai longuement expliqué la cause.

La plupart des insuccès qu'on a eu à enregistrer dans les débuts du dragage appliqué aux alluvions aurifères tenait en effet à ce fait que la drague à godets, par son mode même de travail, est inhabile à nettoyer les anfractuosités de bed-rock solide dans lequel s'est infiltrée une partie importante du métal précieux. Pour peu en effet qu'on veuille arracher la partie superficielle d'un fond rocheux, on se butte à des accidents inévitables de godets, et, d'autre part, si on laisse ces premiers centimètres du bed-rock, on abandonne sans recours une partie éminemment riche de l'alluvion exploitable.

C'est pour parer à cet inconvénient, que dans les débuts des dragages aurifères on avait songé à employer, pour nettoyer exactement le bed-rock, des dragues suceuses qui donnent de si excellents résultats toutes les fois qu'il s'agit d'enlever, au moyen d'un simple courant d'eau aspiré par des pompes centrifuges, des matières menues et de finesse régulière, comme les graviers fins, les sables ou la vase.

Toutes les entreprises sans exception qui ont eu pour base l'emploi de dragues suceuses pour le lavage des alluvions aurifères ordinaires, qui contiennent toujours une proportion considérable de cailloux irréguliers, — qui en contiennent même d'autant plus qu'elles sont plus riches, — ont fini par un insuccès complet, qu'il était d'ailleurs facile de prévoir. Après quelques instants de marche d'une drague pareille dans une alluvion contenant de gros graviers les cailloux s'accumulent autour de la crépine d'aspiration, y forment un véritable filtre à gravier, et l'appareil ne monte plus que de l'eau claire.

Ce résultat, indiqué par le simple bon sens, n'a d'ailleurs pas empêché que, dans tous les pays où se sont introduites les dragues à or, on a commencé par des dragues suceuses, dont l'insuccès a dégoûté de toute tentative ultérieure. J'ai déjà signalé le fait dans la partie de mon ouvrage sur la Sibérie où j'ai examiné, comme je le fais ici en ce moment, la question du dragage des alluvions sibériennes. J'ai retrouvé, en Guyane comme en Sibérie, les restes d'une drague suceuse ensevelis dans la brousse. D'ailleurs cet appareil avait une excuse : il n'a jamais été monté. Une autre drague suceuse de petit modèle a eu une carrière plus longue. On l'a montée jusque dans la Crique Tigre, affluent du Sinnamary, où elle a chaviré dès qu'on l'a mise en marche, par suite de la stabilité mal calculée de l'appareil, qui ne restait en équilibre que quand le sluice était vide. Ses restes sont encore visibles à l'endroit même du naufrage.

Objections contre l'emploi des dragues. — Plusieurs objections m'ont été faites par les Guyanais au sujet de l'emploi des appareils mécaniques. Tout d'abord, on a opposé la difficulté de se procurer des mécaniciens, d'exécuter les réparations courantes, tous les aléas, en un mot, communs aux pays neufs. La réponse est facile : ces genres d'obstacles se surmontent avec du travail, une volonté énergique et du capital.

Des arbres enfouis dans l'alluvion. — Une autre objection plus sérieuse, et qui mérite examen, c'est la présence, dans le lit même des rivières aurifères, ainsi qu'à la surface des terrains recouvrant les alluvions exploitables à la drague, d'une quantité d'arbres morts qui encombrent le lit de la rivière et dont il faut forcément se débarrasser d'une manière ou de l'autre, pour permettre le dragage. Il est indubitable qu'il y aura de ce chef des dépenses à faire et qu'il faudra disposer, sur la drague ou sur un ponton séparé, d'un appareil de levage permettant de déplacer les troncs d'arbres faisant obstacle. Cette difficulté n'est, d'ailleurs, pas spéciale à la Guyane ; elle est commune à tous les pays tropicaux dans lesquels les arbres d'essence dure, plus lourds que l'eau, restent pour ainsi dire indéfiniment submergés sans se décomposer et obligent pour le dragage, aussi bien que pour tout autre mode d'exploitation, à prévoir des frais supplémentaires pour leur enlèvement. On a eu notamment à vaincre cette difficulté pour le dragage des parties littorales du canal de Panama, et on en est venu à bout sans que cet élément de dépenses ait compromis un instant l'exécution des travaux.

On comprend que les placériens guyanais, privés des

moyens mécaniques de levage les plus simples, tels que crics, treuils, etc. ; pour lesquels l'arrachage et le déplacement d'un simple chicot constituent une difficulté presque insurmontable, attribuent à la question des troncs d'arbres noyés une importance disproportionnée à sa valeur réelle.

Ce qu'on peut dire à ce sujet, c'est qu'il convient de prévoir, pour les dragues destinées à l'exploitation des alluvions guyanaises, des appareils supplémentaires de levage et surtout un modèle de drague très robuste et une force motrice suffisante pour résister aux à-coups possibles résultant de la rencontre inopinée sur le bed-rock de troncs et de branchages provenant d'arbres tombés.

J'ai pu me rendre compte, en mettant moi-même en marche une drague de très petit modèle, dont les godets, formés simplement d'une tôle d'acier embouti, n'étaient nullement destinés à arracher de grosses branches, de la facilité avec laquelle, dans un terrain simplement dessouché superficiellement à bras d'hommes, j'enlevais avec la chaine elle-même des branches de la grosseur de la jambe, sans provoquer d'accidents dans le matériel. Ce fait tient en grande partie à ce que, comme je l'ai déjà expliqué, les racines des arbres sont traçantes et non pivotantes, et que la drague, les attaquant *en sous-cave*, se trouve dans les conditions les plus favorables pour les extraire sans peine.

Résultats à attendre de l'emploi des dragues à or en Guyane. — Il est certain que l'application, en Guyane, des considérations que je viens d'exposer, n'est qu'une affaire de temps, et qu'il suffit d'avoir montré le vaste champ ouvert à cette industrie, pour qu'on voie se multiplier le nombre des appareils de dragage en activité dans la colonie. Indépendamment de l'appareil que j'ai installé moi-même, il y a en ce moment, dans la colonie, à ma connaissance, deux dragues de petit modèle, l'une en service depuis deux ans, l'autre dont le montage doit être terminé au moment où j'écris ces lignes et va être mise incessamment en service. La plus ancienne en date travaille dans la crique Ipouçin, affluent gauche de l'Approuague, à une assez grande distance de Cayenne. Il ne m'a pas été possible d'aller la visiter sur place, et les résultats qu'elle donne à son propriétaire sont tenus secrets, de sorte que je ne suis pas autorisé à donner ici son prix de revient et son rendement en or. Mais le seul fait, qui est de notoriété publique, qu'elle travaille sans interruption depuis son installation, est assez significatif par lui-même dans un pays comme la Guyane où, dès qu'un chantier cesse de payer pendant quinze jours ou un mois, on l'abandonne sans plus tarder.

La drague en montage est destinée à travailler des alluvions dans le bassin de la Comté.

Dragage en rivière. — On voit que ces premiers appareils ont tous deux pour but le dragage dans le lit même des rivières, et c'est en effet par là que doit débuter l'exploitation par moyens mécaniques. Plusieurs raisons militent en faveur d'un début de ce genre :

D'abord la facilité du montage, puisque les pièces peuvent venir par eau, en chaloupe à vapeur, ou même par pirogues, jusque sur le lieu même du montage ;

Ensuite, les alluvions de rivières ont l'avantage de n'être recouvertes que par des épaisseurs de stérile nulles ou très faibles. Si on se reporte en effet aux explications et aux coupes que j'ai données précédemment dans le paragraphe relatif au mode de formation des alluvions guyanaises, on se rend compte que le lit des rivières, surtout des rivières un peu importantes, constitue une entaille naturelle dans le stérile, ce qui facilite d'autant l'enlèvement de la couche aurifère proprement dite, mise ainsi à nu par les eaux.

Des teneurs exploitables au moyen des dragues. —

Toutes les rivières descendant des grands massifs aurifères déjà reconnus, notamment dans la Mana, dans le Sinnamary et dans l'Approuague, sont franchement aurifères. Nombreux sont les endroits où il est possible de prélever des batées de deux sous, simplement en piochant, avec une pelle à long manche, le fond de la rivière.

Il ne faut évidemment pas s'attendre, dans les dragages de rivière, à opérer couramment sur des alluvions aussi riches, car deux sous à la batée (voir le tableau de la page 110) correspondent à une teneur de 15 francs au mètre cube, qui dépasse de beaucoup ce qu'on est en droit d'espérer dans des opérations de dragage. Pour des alluvions de rivières non recouvertes de stérile, des teneurs de 2 à 3 grammes au mètre cube sont déjà extrêmement rémunératrices pour une drague, et ce sont là des teneurs tellement insignifiantes aux yeux des Guyanais que leur vocabulaire n'a même pas de terme précis pour les désigner.

Ce sont, à la batée, de simples « cilles », de la valeur desquelles ils sont incapables de se rendre compte, dans l'ignorance où la plupart d'entre eux se trouvent du prix de revient d'une exploitation par procédés mécaniques.

Dragage sur les placers proprement dits. — La petite drague dont j'ai fait moi-même le montage n'a pas cependant été installée sur une rivière. J'ai poursuivi, en faisant ce travail, un but un peu différent, quoique fort intéressant aussi.

Drague à bras. — Dès le début de mon séjour, j'ai reconnu l'importance qu'il y avait à pouvoir opérer les relavages de tailings, par des moyens plus puissants que le simple pelletage dans un sluice. Il fallait, d'autre part, disposer d'un appareil essentiellement portatif, démontable en pièces légères toutes transportables à dos d'hommes, de façon à permettre l'emploi de cet appareil jusque dans les endroits les plus reculés. Voulant enfin éviter dans le début, aux exploitants actuels, les frais que comportent la conduite et l'entretien d'un appareil à vapeur, j'ai dessiné et fait construire une drague mue exclusivement à bras, montée soit sur un radeau, soit sur une plate-forme composée de quatre pirogues accouplées deux à deux, laissant entre elles le vide nécessaire pour le passage de l'élinde. C'est un appareil extrêmement léger : les godets en tôle d'acier embouti se font de trois grandeurs différentes, 3 litres, 5 litres et 10 litres, suivant le numéro de l'appareil. La drague papillonne autour d'un pivot central situé à égale distance du bec de l'élinde et de l'extrémité du sluice, de manière que le déblai après lavage se répartisse sur une surface égale et occupe le même volume, sauf le foisonnement, qu'il remplissait avant son traitement. Le profil du sol reste donc inchangé. Le sluice, monté sur le ponton, classe et rejette successivement les matières à l'arrière, d'autant plus loin qu'elles sont plus fines, de façon qu'on évite complètement l'échouage par l'arrière sous les tailings accumulés.

Personnel d'une drague à bras. — Le personnel varie de six à huit hommes suivant la grandeur des godets. L'appareil lave de 15 à 40 mètres cubes par journée de dix heures. Les ouvriers employés se répartissent comme suit : un chef dragueur qui s'occupe de l'abaissement progressif de l'élinde et du papillonnage. Il a, à cet effet, ses deux treuils sous la main ; deux hommes ou quatre hommes, suivant la dimension des godets, au treuil commandant la chaîne ; deux hommes sur le sluice pour le débourbage et l'évacuation des gros cailloux, et un pompier qui tourne une pompe à chapelet, à double tuyau d'aspiration, montant l'eau à 1^m,80 de hauteur. Tout ce personnel n'exige qu'un apprentissage de quelques jours pour être au courant du travail. Les hommes employés à tourner le treuil de l'élinde, au débourbage de l'alluvion et à la pompe, sont de simples manœuvres ; seul le chef de la drague doit être initié à la manœuvre du treuil de papillonnage combinée avec l'abaissement progressif de l'élinde.

L'équipe que j'ai employée, composée uniquement de transportés en cours de peine, qui n'avaient jamais vu de dragages de leur vie, est arrivée à manœuvrer la drague, d'une façon très satisfaisante, au bout d'une semaine d'apprentissage.

Sauvetage de l'or fin. — Grâce au classement soigné des tailings évacués, l'appareil, malgré la longueur réduite de son sluice, donne un excellent rendement en or fin sauvé. Après les séparations des cailloux sur la grille à double pente dont les barreaux sont écartés de 5 millimètres seulement, qui forme under-current sur le parcours du sluice, les fines passent dans le sluice de queue qui est garni de tapis en fibre de coco. On a préalablement éliminé, par le débourbage à la main, tous les cailloux dépassant un diamètre de 15 millimètres ronds.

Emploi de la drague à bras. — Cet appareil rendra de grands services dans le relavage des placers abandonnés depuis longtemps, dans lesquels les canaux de fuite sont complètement comblés, et qui demanderaient par conséquent, pour être repris par les procédés ordinaires, des travaux préparatoires qu'on préfère ne risquer que sur des placers vierges. Les petites dragues du type que je viens de décrire n'ont, au contraire, besoin d'aucun travail préparatoire. On peut les installer n'importe où, dans une dépression quelconque du terrain, en les faisant flotter pour débuter dans un petit lac artificiel produit par un barrage volant.

L'appareil que j'ai monté n'était pas destiné à rester en Guyane, où je me suis contenté de faire la preuve de son rendement sur le placer Maripa, en opérant sur des alluvions épuisées, déjà lavées plusieurs fois. Elle est destinée à travailler sur les tailings et les alluvions riches du Caserwène, dont l'exploitation a été arrêtée par suite de l'impossibilité d'assurer l'asséchement des chantiers par un canal de fuite, ce qui, je le répète, n'est nullement nécessaire pour le dragage, qui demande au contraire le travail à niveau plein. Avec ces appareils, grands ou petits, les travaux préparatoires : barrage, amenée d'eau, canal de fuite, etc., sont complètement supprimés.

III. — DE LA MAIN-D'ŒUVRE.

Il est indispensable, dans une étude comme celle que j'ai entreprise ici, dans laquelle j'ai cherché à résumer les conditions présentes et futures de l'industrie aurifère en Guyane, d'examiner quelles sont les ressources en main-d'œuvre présentées par le pays.

Conditions que doit remplir la main-d'œuvre pour les mines. — C'est, on le sait, une question vitale dans tous les pays aurifères. J'ai fait comprendre à plusieurs reprises, dans ce qui précède, que la Guyane traverse à ce point de vue une période de crise qui pèse lourdement sur son industrie minière. Ce problème n'intéresse pas seulement les placériens proprement dits, mais aussi et surtout les exploitations filoniennes appelées à se créer. Je viens en effet d'indiquer les moyens de diminuer beaucoup le nombre des bras nécessaires à l'exploitation des placers proprement dits, en employant des moyens mécaniques, et il n'est pas douteux que le mouvement qui se dessine dans ce sens prendra, à bref délai, un développement rapide ; comme conséquence, le nombre des bras, sur les placers où ces procédés seront appliqués, sera notablement diminué.

C'est d'ailleurs plutôt sur les exploitations déjà organisées en Sociétés anonymes, ou dans celles à créer, que ces procédés seront mis en œuvre tout d'abord. Les exploitants locaux n'ont en général ni les moyens financiers, ni le personnel technique nécessaires pour entreprendre une réforme semblable.

Il n'en est pas de même pour les exploitations minières proprement dites, dans lesquelles il est indispensable de disposer d'une main-d'œuvre abondante, sur laquelle on puisse compter d'une manière certaine, et enfin n'ayant, au point de vue des salaires, que des exigences raisonnables.

J'ai, à dessein, énuméré, dans l'ordre de leur urgence relative, les conditions que doit remplir la main-d'œuvre en Guyane. La question de prix, qui naturellement a son importance, est loin en effet de primer toutes les autres considérations, ainsi que nous y sommes habitués dans les vieux pays. En Guyane, comme dans les autres pays aurifères sans population fixe, on demande avant tout à être assuré de sa main-d'œuvre, et on discute le prix après. On peut, en effet, payer plus ou moins cher les ouvriers suivant la richesse des gîtes qu'on se propose d'exploiter, mais on pourra les payer plus cher encore, si on possède la sécurité qu'une fois engagés dans des conditions déterminées, le contrat de louage sera observé, et que les avances données comme arrhes ne seront pas perdues.

Réglementation du travail. — Il semble, au premier abord, que ce soit là une simple question de réglementation du travail, et qu'il va de soi qu'un contrat de louage de service doit obliger également les deux parties. En pratique il n'en est rien, et c'est dans cette déplorable anomalie qu'il faut chercher une des principales causes du malaise actuel qui se manifeste dans la question ouvrière en Guyane. Il est nécessaire, à ce sujet, d'entrer dans quelques explications qui montreront clairement la cause de cette situation anormale.

Des contrats de louage. — Je pense avoir suffisamment expliqué, depuis le début de cet ouvrage, les conditions dans lesquelles s'exerce l'industrie minière en Guyane, pour qu'il soit inutile d'expliquer la raison pour laquelle tout travailleur qui monte au placer doit, dans son intérêt même, posséder un engagement préalable de la part de son employeur, lui assurant pendant une période normale, indépendamment des moyens d'existence sur les lieux, les soins médicaux, son rapatriement éventuel et, en outre, un salaire déterminé pendant la durée de son contrat. Il serait en effet impossible aux ouvriers de supporter des frais et des risques pareils sans avoir la certitude de trouver, en arrivant au placer, un salaire assuré pendant une durée suffisante pour les défrayer de leurs avances. Aussi existe-t-il un modèle de contrat à peu près uniforme dont voici un résumé :

Conditions générales des contrats d'engagement des travailleurs sur les placers aurifères en Guyane Française. — *Durée de l'engagement :* 6 mois.

Salaire journalier : { Hommes, de 3 à 5 francs ;
{ Femmes, 1 fr. 50.

Les travailleurs de l'un et de l'autre sexe ont droit, en outre, à la nourriture, au logement et aux soins médicaux.

Nourriture. — La nourriture est ainsi composée :

1° Pain	par jour	750	grammes
ou riz	—	700	—
ou biscuit	—	500	—
ou couac (farine de manioc)	—	750	—
ou farine de froment	—	500	—
ou farine de maïs	—	700	—
2° Bacaliau (morue salée)	—	250	—
ou poisson salé	—	250	—
ou lard ou bœuf salé	—	250	—
3° Sel	—	10	—
Saindoux	—	20	—
4° Légumes secs	par sem.	1 litre	
Tafia	par jour	12 centilitres	
Tabac	—	10 grammes	

Pour la femme : même nourriture, moins le tafia.

Il y a sur les placers des magasins qui peuvent faire des cessions de denrées diverses aux travailleurs.

Sur la plupart des placers, chacun peut disposer d'une certaine quantité de terre pour y planter ce qu'il juge convenable.

Le bois à brûler est à discrétion.

Voici la nomenclature des travaux qui s'exécutent sur les placers :

A. — *Charroi des vivres.*

Les vivres et les outils destinés aux placers sont apportés dans les magasins de dépôt, situés sur le bord des rivières, au moyen d'embarcations montées par des pagayeurs ou remorquées par des chaloupes à vapeur.

De ces magasins aux chantiers d'exploitation de l'or, le charroi s'opère généralement à dos d'hommes.

La charge d'un charroyeur est de 25 kilogrammes, et la distance à parcourir varie de 8 à 11 kilomètres, selon les difficultés du terrain.

B. — *Travail sur les chantiers.*

Le travail sur les chantiers d'exploitation comporte :

1° *Le nettoyage de la surface du sol* par l'abatage et le tronçonnage des bois.

2° *Le déblai.* — La tâche de déblayage représente généralement un carré ayant 2 mètres de côté sur 1 mètre de profondeur. La tâche de déblayage représente donc un cube de 4 mètres.

3° *L'attaque des couches aurifères.* — Lorsque le déblayage est terminé, on place les instruments de lavage des terres aurifères, et l'on attaque à la pioche la couche de gravier jusqu'à l'argile ; au fur et à mesure, on ramasse à la pelle les terres attaquées et on les charge dans les instruments (sluices).

A trois heures de l'après-midi, le travail est arrêté, et le mineur peut alors prendre une tâche de déblai pour doubler sa journée.

Les placers emploient des femmes sur les chantiers pour délayer à la main ou à la houe l'argile aurifère et pour enlever les pierres qui engorgent les instruments de lavage.

4° *Travaux de sciage*. — Les placers emploient également des scieurs de long et des charpentiers.

La tâche d'abatage pour deux scieurs est fixée à un gros arbre ou à deux moyens.

Le tronçonnage doit être de quatre à six morceaux, également pour deux hommes.

La tâche d'équarrissage est fixée à une pièce de 4 mètres de long. Elle doit être équarrie sur les quatre faces.

Deux scieurs de long doivent fournir, par jour, quatre planches mesurant chacune 4 mètres de long sur $0^m,44$ de largeur à une extrémité et $0^m,36$ à l'autre (planches de fond pour les sluices) ;

Ou bien, cinq planches de 4 mètres de long sur $0^m,33$ de large (planches de côté).

Les scieurs de long travaillent aussi à raison de 2 francs par planche de côté et de 2 fr. 50 par planche de fond.

Pour permettre aux personnes qui voudraient venir s'établir à la Guyane de se rendre compte des avantages pécuniaires qu'elles pourront retirer de leur travail, il est donné ci-dessous un modèle de décompte des journées fournies par des travailleurs de placers, dans chacune des catégories des travaux sus-indiqués. Ces chiffres sont extraits de la comptabilité d'exploitations existantes et représentent des salaires qui ont été effectivement payés aux ouvriers.

1° Décompte des journées fournies par un charroyeur.

Ce charroyeur arrive à son poste de travail dans la seconde quinzaine du mois d'Août.

	Août,	9 journées ou tâches à 4 fr....	36 fr.
	Septembre,	32 1/2	—	 130
Il fournit	Octobre,	33	—	 132
à la fin d'	Novembre,	39 1/2	—	 158
	Décembre,	26 1/2	—	 106
	Janvier,	28 1/4	—	 113
			Total................	675 fr.

Ce travailleur, étant arrivé à l'expiration de son contrat, demande son règlement et descend à **Cayenne** avec un bon de 675 francs sur l'Administrateur du placer.

Ce bon représente la valeur de cinq mois et demi de travail.

2° Décompte des journées fournies par un ouvrier piocheur employé au travail des chantiers.

En Juillet,	17 journées ou tâches à 4 francs........	68 fr.
Août,	35	—	 140
Septembre,	39	—	 156
Octobre,	40	·	 160
Novembre,	31	—	 124
Décembre,	33	—	 132
Janvier,	32	—	 128
		Total..............	908 fr.

Cet ouvrier descend à Cayenne avec un bon de 908 francs.

3° Décompte des journées fournies par une femme sur un établissement aurifère.

				fr.
En Août,	25 journées ou tâches à 1 fr. 50			37,50
Septembre,	26	—	....	39,00
Octobre,	27	—	....	40,50
Novembre,	21	—	....	31,50
Décembre,	26	—	....	39,00
Janvier,	13	—	....	19,50
			Total...............	207,00

Cette ouvrière descend à Cayenne avec un bon de 207 francs.

4° Décompte des journées fournies par un scieur de long.

				fr.
En Août,	3 journées ou tâches à 4 fr. 50			13,50
Septembre,	77	—	....	346,50
Octobre,	81	—	....	364,50
Novembre,	70	—	....	315,00
Décembre,	72	—	....	324,00
Janvier,	44	—	....	198,00
			Total...............	1.561,50

Ce scieur de long descend à Cayenne avec un bon sur l'Administrateur de 1.561 fr. 50.

Ces divers décomptes ont été pris au hasard, dans des livrets d'ouvriers d'un placer. Pour tout ce qui n'est pas à la tâche, la durée de la journée de travail sur les placers est de huit heures effectives.

Nota. — Ainsi que l'indiquent les renseignements ci-dessus, il est facile au travailleur de fournir deux tâches par jour, et par conséquent de doubler ses salaires. Il est à remarquer aussi que le montant des bons délivrés aux travailleurs, au moment où ils quittent les placers, représente un *gain net*, une *économie réalisée*, attendu que, pendant toute la durée du contrat de louage, lesdits travailleurs ont été logés, nourris et soignés aux frais du placer.

L'ouvrier qui va travailler sur les placers est tenu de se pourvoir d'un hamac et d'une couverture.

Il est stipulé, en outre, que ces contrats de louage doivent être établis dans la forme du contrat civil régi par l'Article 1780 et le Titre III des contrats et des obligations conventionnelles en général (Art. 1101 à 1369 du Code Civil Français).

Cette dernière spécification a pour résultat l'impossibilité matérielle pour l'engagiste d'obliger l'ouvrier engagé, même s'il a reçu des arrhes, ce qui est le cas général, à respecter son contrat. Si l'ouvrier refuse de se rendre au placer, son employeur ne peut en effet exercer comme recours qu'une action civile contre une personne notoirement insolvable ; c'est dire qu'il n'y a jamais recours. Il arrive très fréquemment qu'un ouvrier, après s'être engagé par contrat régulier et avoir reçu des arrhes, les dépense en quelques jours d'une vie de désordres, va se rengager chez un autre exploitant, touche une nouvelle prime et décampe. C'est surtout aux époques d'inflation, de rush, que cette pratique devient la règle. Les ouvriers qui s'y livrent deviennent si nombreux qu'il est impossible de les mettre tous à l'index. Même dans les temps d'activité normale, comme à l'heure actuelle, on doit toujours compter sur un certain déchet entre le nombre des ouvriers engagés à Cayenne, y ayant reçu des avances, et celui qui se présente à l'embarquement le jour du départ.

Il y a même souvent encore un nouveau déchet en route : si l'ouvrier flaire, dans le voisinage des placers sur lesquels il est transporté, une prospection fructueuse à tenter, il fausse compagnie au passage. Son voyage ne lui a rien coûté. Dans les nombreuses correspondances,

entre les Directeurs de placers et l'Administrateur rési-
dant à Cayenne, qui m'ont passé entre les mains, les his-
toires et les lamentations sur des coups de ce genre
remplissent invariablement la première page.

Réglementation Hollandaise et Anglaise. — Dans la
Guyane Hollandaise et dans la Guyane Anglaise, les choses
se passent autrement. L'Administration tient la main,
avec juste raison, à ce que les contrats de louage aient,
de part et d'autre, leur plein et entier effet. C'est ainsi
que, sur les exploitations de la rive gauche du Maroni que
j'ai visitées, certaines d'entre elles qui se trouvaient en
retard pour le paiement des salaires dus aux transpor-
teurs, voyaient saisir par ordre administratif leur production d'or et interdire tout recrutement nouveau de personnel, jusqu'à complet paiement des salaires arriérés
revenant aux ouvriers. Par contre, sur d'autres exploitations du même district, des ouvriers qui avaient volontairement rompu leur contrat d'engagement, et qui étaient
allés travailler sur des placers autres que ceux dont ils
avaient reçu les avances, étaient arrêtés par la police
et condamnés à la prison.

De l'immigration. — Ces deux colonies ne sont d'ailleurs pas obligées, comme la Guyane Française, de recru-
ter uniquement leur personnel ouvrier parmi les habitants
du pays. Elles sont ouvertes à l'immigration des coolies
indiens, ce qui leur permet de se défendre efficacement
contre les exigences de la main-d'œuvre locale, et d'obtenir à prix raisonnable le nombre de bras nécessaires à
leurs travaux.

Immigration des coolies. — En Guyane Française, l'immigration des coolies indiens est suspendue depuis plus
de dix ans, et, bien que des négociations pendantes depuis
très longtemps aient été ouvertes avec le Gouvernement
Anglais, en vue de sa reprise, aucune décision n'est inter-
venue à ce sujet jusqu'à présent.

On dit que la raison ostensible qui a motivé cette interdiction serait les mauvais traitements subis par les immigrés, et le manque de protection efficace des coolies indiens dans notre colonie. Pour qui connait tant soit peu les dispositions de l'esprit public en France, et celles, encore plus accentuées, de l'opinion dans les anciennes colonies esclavagistes françaises, cette raison ne repose sur aucun fondement sérieux. Le but véritable de cette mesure est la suppression, par des moyens détournés, de la concurrence industrielle et commerciale. A ce point de vue, il y a tout intérêt à priver un voisin des moyens d'exploiter économiquement ses richesses naturelles, en réservant ces moyens pour son propre usage.

Immigration chinoise. — On n'a jamais tenté en Guyane d'immigration chinoise proprement dite, et je ne pense pas que ce soit de ce côté-là que se trouve la solution du problème. L'émigration chinoise, quand il ne s'agit pas d'exporter des ports de Singapoure, de Macao ou de Shang-Haï, la lie de la population, dont on est trop heureux de se débarrasser sous couleur d'engagement de travailleurs, est devenue maintenant fort difficile. D'ailleurs on connait les résultats que donne invariablement l'importation de l'élément chinois dans les colonies européennes. Après un bien-être passager, produit par l'immigration de ces travailleurs, survient une crise intense qui se résout tôt ou tard par des mesures prohibitives et vexatoires, dont les colonies de race anglo-saxonne fournissent d'abondants exemples. On en connait la cause ; elle se résume en peu de mots : sous tous les climats, dans toutes les branches de l'activité humaine, et notamment dans le commerce, l'élément chinois draine toutes les économies du pays et supplante invariablement l'Européen qui n'est pas armé, par suite de ses besoins physiques et intellectuels, pour résister victorieusement à cette concurrence.

Immigration annamite. — L'immigration annamite, bien qu'un peu involontaire, puisque les hommes de cette race qui se trouvent en Guyane Française y ont été amenés à la suite de condamnations pénales, a donné jusqu'ici des résultats très encourageants. La plupart d'entre eux s'adonnent à la pêche et à la culture maraîchère, et sans eux on ne vivrait à Cayenne que de conserves, menu ordinaire des Guyanais. Aussi a-t-on pensé depuis longtemps à créer un mouvement d'immigration libre des Annamites vers la Guyane, dont ils supportent admirablement le climat. La question a été très sérieusement étudiée par le Département, mais là aussi on se heurte à la difficulté du recrutement d'éléments sains dans la population, pourtant surabondante, qui se presse sur les bords du fleuve Rouge. La question mérite cependant d'être tirée au clair, car ce serait là un puissant moyen d'émancipation et de progrès pour la Guyane Française.

On peut en dire autant de la population arabe, qui compte en Guyane un nombre assez considérable de représentants. On sait, en effet, que tous les transportés indigènes, algériens ou annamites, ont, de tout temps, été dirigés exclusivement sur la Guyane, tandis que, jusque dans ces derniers temps, les envois européens étaient répartis entre Cayenne et Nouméa.

Les Kabyles sont des charroyeurs de premier ordre. Une fois libérés, ils sont recherchés et payés très cher par les exploitants. J'en ai connu un, qui transportait tous les jours, du dégrad au placer (6 kilomètres), une boîte de farine de 50 kilogrammes, alors que la charge légale n'est que de 25. Cela ne l'empêchait pas d'être de retour au dégrad, sa journée finie, à neuf heures du matin et de faire dans l'après-midi une « double », suivant l'expression consacrée, qui lui donnait droit à un salaire supplémentaire de 3 francs. Il ne s'aperçut qu'il était réellement surchargé que le jour où, le placer ayant été approvisionné avec des boites de farine de 25 kilogrammes, il fit observer que le magasinier ne lui donnait pas son plein.

On voit, en résumé, que la question de main-d'œuvre en Guyane Française est une de celles qui doivent à plus juste titre préoccuper une administration soucieuse de l'avenir. On peut la résumer en quelques mots :

Conclusions. — Réglementer les contrats d'engagement semestriels, tels qu'ils se pratiquent actuellement, en donnant une sanction pénale aux infractions, de quelque côté qu'elles se produisent ;

Obtenir des parties intéressées le rétablissement de l'immigration des coolies ;

Enfin faciliter le recrutement du personnel ouvrier indigène dans les autres colonies françaises.

Main-d'œuvre pénale. — J'ai à dessein laissé de côté, dans cette énumération des ressources en main-d'œuvre dont dispose la Guyane Française, la main-d'œuvre pénale : transportés, relégués, libérés.

La loi de 1854 sur la transportation décide, en principe, que la main-d'œuvre pénale est destinée *à exécuter les travaux les plus pénibles de la colonisation dans un but d'intérêt public.* Ce principe est observé en Guyane en ce sens que, sauf quelques exceptions nécessitées par les circonstances, les transportés ne sont pas affectés par grandes quantités, et en vertu de contrats de longue haleine, à des travaux particuliers. Je me hâte d'ajouter qu'il ne faudrait pas en déduire qu'on les occupe à des travaux d'intérêt public, car les travaux de ce genre dans une colonie comme la Guyane Française, qui ne possède ni ports, ni routes, reliant entre eux les principaux centres, ni réseau navigable, se réduisent, en fait, à l'entretien des rues de la ville de Cayenne.

Indépendamment de la question de principe, mon expérience personnelle m'a prouvé que la main-d'œuvre pénitentiaire appliquée dans les colonies, en vertu de contrats de longue haleine, aux travaux des particuliers, est, par sa nature même, une source de difficultés constantes et qu'elle ne supporte pas la comparaison, en envisageant la question au point de vue purement économique, avec la main-d'œuvre engagée par contrat librement débattu.

J'ai d'ailleurs, il y a quelques années, émis déjà cette opinion, basée sur l'expérience, à propos de l'exploitation des mines de nickel en Nouvelle-Calédonie (*).

Des libérés. — Quant aux individus libérés, c'est-à-dire à ceux qui, ayant achevé leur temps, sont astreints au séjour dans la colonie, non seulement ils peuvent être librement engagés sur les placers, mais encore l'Administration pénitentiaire, qui a constamment ces déclassés sur les bras, fait tous ses efforts pour en trouver le placement. Le *Journal Officiel* de la Guyane publie chaque semaine, en bonne place, l'avis suivant :

« Le Directeur de l'Administration pénitentiaire informe
« les habitants de la Colonie, propriétaires, entrepreneurs
« et cultivateurs, que le Service de la transportation se
« tient à leur disposition pour leur procurer ou indiquer
« les libérés de bonne conduite, au cas où ils désireraient
« en employer.

« Il prévient également les libérés sans travail *et qui*
« *veulent s'occuper*, qu'ils pourront s'adresser au deuxième
« bureau qui leur indiquera, le cas échéant, où ils pour-
« ront se procurer de l'ouvrage. »

Sauf des exceptions, malheureusement trop rares, il n'y a aucun fonds à faire sur cette main-d'œuvre. Les libérés ont, pour la plupart, perdu au bagne le goût du travail, et les moyens de coercition, au milieu des forêts lointaines où se trouvent les placers, sont nuls ou à peu près. Sauf de trop rares exceptions, les libérés engagés sur les placers sont

---

(*) *Annales des Mines* : D. LEVAT, Mémoire sur les progrès de la mé-
tallurgie du nickel, 9ᵉ Série, T. I, 1892, p. 141.

des éléments de désordre qu'on introduit dans les camps miniers. La rédaction même de l'avis que je viens de reproduire, indique que l'Administration ne se fait pas d'illusions à ce sujet.

IV. — DES MOYENS DE TRANSPORT.

Considérations générales. — J'ai gardé, pour la fin de mon étude, la question des moyens de transport, qui résume à elle seule toutes les autres.

En fait, dans les pays neufs, il n'y a que deux solutions pour desservir rapidement et économiquement les besoins de l'industrie naissante et développer la richesse publique ; ce sont la navigation sur les fleuves et rivières permettant l'emploi de bateaux à vapeur, et les chemins de fer. Les deux systèmes peuvent d'ailleurs se combiner avantageusement, et l'exemple le plus frappant est certainement l'exécution du chemin de fer du Congo, dont l'ouverture très prochaine va mettre en communication avec la mer un immense réseau de navigation intérieure, privé jusqu'à présent de ce débouché.

En Guyane, malheureusement, cette solution par la navigation est rendue impossible par suite de l'orographie générale de la contrée qui oblige toutes les rivières, sans aucune exception, à couler à travers une série de rapides qui les rendent impropres à tout trafic sérieux. On ne peut donc envisager au point de vue pratique que la solution par chemins de fer.

Quels sont les besoins à desservir ?

Quelles sont les perspectives de développement du pays ?

Quelles sont les ressources financières dont peut disposer la colonie ?

Telles sont les trois questions préalables qui se posent tout d'abord. Je vais rapidement les passer en revue.

Création d'une voie ferrée. — Il suffit de jeter les yeux

sur la carte, pour voir que la distance qui sépare les placers de la côte est en réalité très faible et que la zône aurifère dirigée Est-Ouest, comprise entre le Maroni et l'Oyapock, ne dépasse pas non plus 200 kilomètres de longueur, de sorte qu'en réalité il ne s'agit, pour desservir les besoins les plus urgents des placers, que d'un réseau dont le développement total ne dépasse pas 350 à 400 kilomètres. En fait, il n'y a qu'à créer une ligne à voie de 1 mètre, dont les frais d'installation, que j'établirai plus loin, représentent un capital, somme toute, très modéré, étant donné l'importance des besoins à desservir.

Tracé du réseau. — Le point de départ de la ligne doit se trouver, sans doute aucun, à la capitale même, à Cayenne : puis, après être arrivé à la zône des placers, la ligne se bifurquera en deux, pour desservir, à l'Ouest, les exploitations existantes et celles à créer dans ces régions. La branche Est, prolongée jusqu'au Contesté, assurerait à Cayenne la prédominance politique et la clientèle exclusive de ces régions nouvelles, même au cas où l'arbitrage, se terminant par une cote mal taillée, n'attribuerait à notre colonie que la partie Nord-Ouest montagneuse et minière du Contesté Franco-Brésilien, découverte et exploitée par nos prospecteurs français de Cayenne.

Le tracé de ce réseau est tout indiqué par la seule lecture de la carte, sur la Pl. I, où je l'ai figuré par un trait double. Il faut, en partant de Cayenne, profiter, pour établir la ligne de pénétration, de la vallée de la Comté, dans laquelle se trouvent de nombreux placers en exploitation ; passer de là dans le bassin de l'Approuague en utilisant à cet effet la vallée de l'Arataïe, affluent de l'Approuague, suivre ensuite la vallée de l'affluent Inini, pour descendre jusqu'à la frontière hollandaise sur l'Awa. C'est, on le voit, la fameuse route découverte et suivie par les maraudeurs, à l'époque du pillage de l'Awa, pour ravitailler les prospecteurs qui opéraient dans l'ancien

Contesté Franco-Hollandais. C'est une voie connue et fréquentée, où les faîtes de partage des eaux sont peu élevés et n'exigeront, pour être franchis, ni tunnels, ni travaux d'art exceptionnels. On ouvrira ainsi toute la région intérieure, encore complètement vierge, comprise entre l'Approuague et l'Awa, et on desservira en passant tous les placers du haut de la Comté et du haut de l'Approuague, qui ne peuvent, dans les conditions actuelles, qu'être superficiellement écrémés.

Mouvement commercial du Maroni. — Cayenne s'assurera, du même coup, tout le commerce qui se fait actuellement sur le Maroni, par pirogues partant d'Albina, et la prospérité croissante de cette petite ville hollandaise, qui ne date cependant que de quelques années, indique l'importance du commerce dont elle est le siège. Les dépenses mensuelles du canotage en remonte sur le Maroni ne doivent pas être évaluées à moins de 12.000 francs, ce qui représentera au tarif moyen de 30 francs par baril, soit 300 francs par tonne, une montée mensuelle de 40 tonnes de marchandises. On comprend qu'avec des tarifs pareils on ne puisse exploiter que des gisements éminemment riches, et qu'il reste une marge très suffisante pour des tarifs de chemins de fer rémunérateurs, en envisageant un abaissement de moitié ou des deux tiers dans ces frais de transport de la mer aux placers, soit, par exemple, un tarif de 1 franc par tonne kilométrique. La situation est à peu près la même pour les autres fleuves dont la ligne coupe le cours supérieur, et notamment pour le haut Approuague.

Du trafic à prévoir. — Mais, dans l'examen d'une question comme celle que j'expose ici, c'est-à-dire dans les appréciations à porter sur les probabilités du trafic futur d'un chemin de fer dans un pays totalement dépourvu jusqu'alors de voies de communication, il est naturellement impossible de pouvoir tabler uniquement sur le trafic limité existant dans le pays, antérieurement à la création de cette voie.

C'est par l'estimation des richesses naturelles du pays, qui restent inexploitées faute de moyens de transport, qu'il faut procéder à l'évaluation probable du trafic. Ce sont malheureusement là des notions peu familières au public français, mal habitué encore à se rendre compte du développement rapide que prennent les pays neufs, dès qu'ils sont munis de leur outillage indispensable.

Aussi n'est-ce pas sur ce terrain que je me propose de placer la question, car, si des considérations du genre de celles que je viens d'exposer peuvent suffire dans d'autres pays, je me rends parfaitement compte qu'elles sont insuffisantes chez nous, et qu'il est nécessaire, pour conserver à mon étude le caractère positif et pratique que j'ai cherché à lui imprimer, de m'appuyer sur d'autres bases pour l'établissement du projet.

Ressources financières disponibles. — Quelles sont les ressources financières sur lesquelles on peut compter ? Quelles sont en un mot les garanties dont le capital nécessaire pour la construction du chemin de fer pourrait d'ores et déjà être nanti ?

Je pars de ce principe que l'exploitation de l'or étant, en Guyane Française, la seule industrie existante et réellement prospère, c'est elle qui doit recueillir les bénéfices immédiats de la création de la ligne ; c'est à elle aussi qu'il faut s'adresser, pour garantir, dans la limite de ses forces, le capital immobilisé et faciliter par conséquent la réunion de ce capital.

Redevances payées par l'industrie aurifère guyanaise. — Les placers et mines d'or paient en Guyane, indépendamment des sommes versées indirectement sous forme de droits de douane sur des objets consommés, octrois de ville et de mer et autres impôts, deux sortes de redevances directes. La première, proportionnelle à la surface de la concession, s'élève pour les deux premières années à 0 fr. 10 par hectare et, à partir de la troisième, à 0 fr. 50.

Redevance foncière. — Voici le rendement de cet impôt pendant les dix dernières années :

TABLEAU DES REDEVANCES FONCIÈRES PAYÉES PAR LES PLACERS ET MINES D'OR DE 1887 A 1896.

ANNÉES	MONTANT DES REDEVANCES FONCIÈRES PERÇUES SUR LES PERMIS DE RECHERCHES ET D'EXPLOITATION
1887	138.777.85
1888	150.000
1889	176.841.75
1890	143.106.89
1891	170.000
1892	117.730.11
1893	63.216.56
1894	110.000
1895	90.000
1896	80.000

Les chiffres ronds de ce tableau indiquent des prévisions de recettes ; les chiffres avec centimes, les sommes effectivement encaissées.

Redevance dite : droit de sortie sur l'or. — L'autre redevance, la plus lourde, instituée par un vote du Conseil Général en date du 8 Décembre 1870, établit un droit de sortie de 8 p. 100 *ad valorem* sur l'or exporté de la colonie. C'est cet impôt qui produit le gros chiffre. En voici le rendement dans ces dix dernières années.

RENDEMENT DU DROIT DE SORTIE SUR L'OR DE 1887 A 1896.

ANNÉES	MONTANT des droits perçus Francs	PRODUCTION CORRESPONDANTE D'OR	
		en poids Kilog.	en valeur Francs
1887	419.650.71	1942.824	5.245.625
1888	405.000	1875	5.062.500
1889	311.576.06	1442.500	3.894.700
1890	300.000	1111.111	3.750.000
1891	300.000	1111.111	3.750.000
1892	334.754.80	1550	4.184.250
1893	374.946.38	1735.333	4.686.750
1894	340.000	1574.975	4.250.000
1895	416.951.19	1930.320	5.211.887
1896	457.680.64	2119	5.721.300

Comme pour le tableau précédent, les chiffres avec les centimes, seuls, représentent les versements effectués ; les recettes figurant en sommes rondes sont les prévisions budgétaires de l'époque, prévisions qui sont toujours dépassées.

Laissons de côté les ressources dont il est fait état dans mon avant-dernier tableau, dont la contre-partie peut, à la rigueur, être trouvée dans les services rendus aux exploitants de mines par les géomètres du Bureau du Cadastre, l'établissement des plans, etc., et examinons plus spécialement le rendement donné par le droit de sortie de 8 p. 100.

De la perception du droit de sortie. — Un fait saute d'abord aux yeux, c'est la faiblesse de son rendement moyen annuel, car ce chiffre — 400.000 francs environ — ne représenterait, si tout l'or exporté payait réellement l'impôt, qu'une production annuelle, pour la totalité du territoire de la Guyane, de 1.900 kilogrammes d'or. Cette quantité correspond, en effet, — au taux de 2 fr. 70 le gramme, taux officiel de la valeur nette, impôt non payé, du gramme d'or brut en poudre à Cayenne —, à une valeur de 5.000.000 de francs, qui, à raison de 8 p. 100, donnent bien 400.000 francs comme revenu du droit de sortie.

Il est de notoriété publique que ce chiffre ne représente qu'une fraction de la production réelle et que la fraude, au détriment du Trésor, s'exerce sur une vaste échelle.

Absence de contrôle. — Elle est facilitée, il faut le dire, par l'absence presque complète de contrôle. Non seulement les agents de l'Administration ne se rendent jamais sur les placers, — il n'y a pas de service organisé à cet effet, et il n'existe aucun fonctionnaire chargé de ce contrôle, — mais encore les agents qui doivent assurer, dans les postes placés à l'embouchure des rivières, le contrôle des quantités d'or descendant par cette voie, ne visent en réalité que les certificats de ceux qui veulent bien se soumettre à cette formalité.

Des certificats d'origine. — Ces certificats d'origine, qui doivent théoriquement accompagner toujours les productions d'or descendant des placers, ne peuvent en effet faire foi en douane à Cayenne, que s'ils ont été préalablement visés par l'agent du Gouvernement dans le district dont l'or provient. Il est parfois très difficile pour les exploitants de bonne volonté d'obtenir ce visa.

J'ai pu m'en assurer par moi-même, à diverses reprises, et en divers points de la colonie.

De ce relâchement du contrôle et de la perception dans notre colonie il est bon de rapprocher les pratiques de nos voisins.

A l'époque de mon voyage sur le Maroni, la production d'or de la quinzaine (environ 10 kilogrammes) de la Compagnie de l'Awa, dont les exploitations se trouvent en territoire Hollandais, était l'objet d'une saisie administrative. Cette Compagnie, dont l'organisation sérieuse ne prête à aucune suspicion de fraude possible, paie son droit de sortie (5 p. 100 *ad valorem*) à Albina, chef-lieu de district placé au bord du Maroni, juste en face du poste français de Saint-Laurent. La saisie était motivée par une erreur de plume dans le numéro du certificat d'origine, erreur due à l'agent spécial que le Gouvernement entretient sur les placers du haut Maroni pour assurer la police de leur production. La saisie n'a été levée qu'en donnant caution et après enquête sur place, faite par le Chef de District.

Je me borne à une simple indication de ces faits, bien connus à Cayenne, et je reviens à la question d'attribution des fonds provenant du droit de sortie sur l'or.

De l'emploi des fonds provenant du droit de sortie sur l'or. — Un impôt aussi lourd qu'un droit de 8 p. 100 *sur le brut*, ne se justifie que si l'industrie qu'il frappe reçoit, comme contre-partie des charges qu'elle assume, des avantages et des facilités qui lui permettent de prélever sur ses bénéfices la part qu'on exige d'elle, sans mettre en péril son existence même.

Or quelle contre-partie reçoivent, en ce moment, les exploitants guyanais ?

Quels avantages retirent-ils des impôts qu'ils paient ?

A quoi servent, en un mot, les redevances dont est frappée l'industrie aurifère de la colonie ?

Absolument à rien.

Il n'existe, je le répète encore, aucune voie de communication, d'intérêt public, desservant les placers. Des deux canaux qui permettaient autrefois de faire communiquer Cayenne avec le Mahuri et la Comté, un seul, dit « le Tour-de-l'Ile », est encore praticable à grand'peine à marée haute pour des chaloupes à vapeur. L'autre, la Crique-Fouillée, n'admet que des pirogues. Tous deux, envahis par les palétuviers, restent complètement à sec à marée basse.

A Saint-Laurent du Maroni, la seconde ville de la colonie, il n'y a pas d'hôpital civil pour recueillir les placériens malades descendant à la côte. Les voyageurs ne peuvent trouver un gite que par la tolérance de l'Administration pénitentiaire, qui ouvre en cas d'urgence son hôpital aux malades civils. Ma santé étant heureusement restée excellente pendant toute ma mission, j'ai dû, avec la bienveillante complicité du médecin, simuler une maladie pour être hébergé à l'hôpital.

Il est intéressant de rapprocher cet état de choses du mouvement qui se dessine dans la Guyane Anglaise depuis deux ou trois ans, mouvement dont M. Charles-B. Clarke, dans une publication récente (1897), que j'ai déjà eu l'occasion de citer, fait un tableau bien saisissant à propos du district aurifère de Barima.

« On y a construit, dit-il, de nouvelles routes et étendu les anciennes. J'avais d'abord dit, — ajoute cet auteur, — parlant en général, qu'il n'y avait pas de routes publiques. Les entreprises de cette année ont complètement changé cet état de choses. Déjà on a installé des bateaux à vapeur sur les eaux supérieures du grand Essequibo, et cela a été un succès. Là est le grand débouché pour les prospecteurs américains, à condition qu'ils aient une sérieuse expérience, de bonnes habitudes et pas moins de 2.500 $ d'argent liquide. Ces trois conditions ont une importance capitale. Ce que l'intérêt général de la Guyane Anglaise exige, c'est le développement de nouveaux districts, amené par des gens d'expérience et intelligents, dans les parties du Sud, du Centre et du Centre-Ouest. *Les lois coloniales minières, taxes et droits, sont excessivement modérées.* Quant aux dangers et misères, cela a peu d'importance, et il est indifférent en somme de griller sous l'Équateur ou de geler au Pôle. Tout ce que le mineur cherche, c'est l'or ; d'ailleurs, qui a jamais entendu parler d'un prospecteur américain qui aurait été arrêté par des obstacles de ce genre ? »

M. B. Clarke ajoute que le Gouvernement de la Guyane Anglaise, représentant fidèle de la politique coloniale de la Grande-Bretagne dans le monde entier, donne aussi bien des concessions aux étrangers qu'aux naturels du pays et protège de façon égale leur vie, leur santé, leurs droits. En cas de maladie, tous les hôpitaux sont ouverts indistinctement aux uns et aux autres. « Et c'est là qu'il faut cher-
« cher la cause du succès du Gouvernement Anglais pour
« amener dans ses colonies des ouvriers. Que serait en
« effet une colonie sans ouvriers? Et comment peut-on faire
« que ces ouvriers deviennent des gens loyaux et gagnent
« le plus d'argent possible pour le Trésor, si ce n'est en
« agissant ainsi?

« Je suis resté plusieurs semaines loin dans l'intérieur
« pendant mon premier voyage ; mes guides et mes
« hommes portaient une importante quantité d'approvi-
« sionnements et de matériel de campement : et, bien
« que j'aie rarement campé deux nuits de suite dans la

« même localité, j'ai remarqué à la fin du voyage qu'on
« ne m'avait rien volé. Je n'ai jamais eu avec moi d'in-
« dividus plus loyaux, honnêtes et paisibles. Passant en
« revue la situation entière, tout en tenant compte des
« obstacles qu'on y rencontre, la Guyane Anglaise offre
« des attractions tout à fait supérieures pour le prospec-
« teur d'or qui a de l'expérience. Il devrait porter sur
« lui des lettres de recommandation de mineurs ou ban-
« quiers bien connus dans le pays, qui prouveraient à
« l'occasion qu'il a bien la valeur qu'il se donne. Avec
« cela, s'il prend la concession d'une propriété de valeur,
« contenant du quartz, il trouvera facilement à George-
« town des marchands qui l'aideront à se développer et
« qui seront des agents aussi entreprenants et des asso-
« ciés aussi honnêtes que ceux que l'on pourrait trouver
« partout ailleurs. Jusqu'à présent, l'or trouvé est de l'or
« fin, et je crois qu'on peut usuellement obtenir une
« moyenne de 1 once d'or (31 grammes) par tonne. »
« (L'auteur parle de la teneur des filons aurifères.)

« Je terminerai en disant qu'il peut y avoir, selon toutes
« probabilités, d'aussi bon quartz dans la Guyane Hollan-
« daise que dans la Guyane Anglaise ; mais mes brèves
« observations à Paramaribo, la capitale et le principal
« port de mer, m'obligent à dire qu'un Gouvernement qui
« ne met pas en quarantaine ses lépreux (qui entrent pour
« une partie considérable dans la population de la cité)
« n'est pas un Gouvernement qui encouragera l'industrie,
« la favorisera, en ouvrant de nouvelles communications
« à l'intérieur.

« *La même chaîne continentale continue vers le Sud*
« *dans la Guyane Française, où on a trouvé les plus*
« *riches placers de l'Amérique du Sud. Mais le Gouver-*
« *nement colonial ne fait pas d'améliorations à l'inté-*
« *rieur et ne protège ni la vie, ni les droits, ni la per-*
« *sonne des civils ou des militaires. Les trois colonies,*

« *Française, Hollandaise et Anglaise, sont à côté l'une*
« *de l'autre. Le lecteur pourra se faire une idée du*
« *développement et du degré de colonisation, auxquels*
« *chacune de ces trois grandes colonies est appelée.* »

Tout en faisant la part de l'exagération dont les Anglo-Saxons sont coutumiers quand il s'agit de déprécier les autres peuples, il était intéressant de faire connaitre la manière dont on juge l'état d'abandon trop réel dans lequel nous laissons notre colonie guyanaise. Je n'ai d'ailleurs pas besoin d'ajouter que la protection de la vie, des droits et des personnes tant civiles que militaires, est assurée en Guyane Française aussi bien que dans les pays voisins, et que l'auteur des lignes que je viens de citer ne les aurait pas écrites s'il avait pris la peine de venir constater, à Cayenne même, l'inanité de ses accusations intéressées.

Production réelle de l'or en Guyane Française. — La production d'or de la Guyane est expédiée presque en entier en France, et elle est fondue à Paris dans les établissements d'affinage de métaux précieux, notamment au Comptoir Lyon-Allemand, chez MM. Morin frères et chez MM. Gilbert et Cie et autres. On peut donc en estimer assez exactement le montant, en y ajoutant les expéditions faites à l'Étranger par les négociants de Cayenne, qui achètent l'or aux placériens et qui l'envoient à leurs correspondants, en couverture de leurs achats.

On arrive ainsi à un total représentant une valeur mensuelle de *un million à* 1.500.000 *francs ;* soit, par année, un chiffre total de **15 à 18 millions de francs.**

Ce chiffre, rapproché de ceux, extraits des documents officiels, que j'ai cités plus haut, donne la mesure de la proportion dans laquelle le Trésor est frustré des droits de sortie sur l'or.

C'est dans le rendement de cet impôt, *perçu de façon*
que tous les exploitants sans exception en supportent la

charge, et que la fraude soit réduite au seul cas de maraudeurs isolés opérant clandestinement, ce qui ne peut jamais représenter un gros chiffre, que doit se trouver un des éléments de garantie pour le capital affecté à la construction du chemin de fer.

On donnera ainsi au droit de sortie sur l'or sa véritable affectation, en faisant contribuer les sacrifices qu'on exige des exploitants, à l'amélioration de leur sort. On augmentera par cela même la garantie que présente la perception de ces droits, par le développement immédiat que provoquera dans l'industrie aurifère la possibilité d'effectuer économiquement les transports de vivres et de matériel, sur des placers actuellement inabordables.

De la concession du réseau. — L'idée qui vient naturellement à l'esprit serait de gager un emprunt colonial destiné à la construction du réseau de voies ferrées sur le revenu des mines, et c'est en effet une conception qui jouit déjà d'un certain crédit à Cayenne. Elle ne me paraît pas réalisable sous cette forme, car il est nécessaire, pour attirer les capitaux dans un pays lointain, soit de leur donner la garantie effective de l'État, ce qui, *a priori*, est une voie dans laquelle il faut éviter de s'engager, comme n'ayant aucune chance de succès, soit offrir des perspectives de bénéfices alléchants, que seule l'industrie aurifère peut donner en Guyane.

Il convient de remarquer en effet que le crédit personnel de la Guyane dépend uniquement de la prospérité de l'industrie aurifère. Les garanties financières que peut présenter la colonie sont donc étroitement liées à la prospérité des mines et placers, et dans ces conditions il n'y a aucun avantage à substituer la responsabilité de la colonie, en tant que personnalité autonome, aux perspectives de bénéfices que peut présenter, en outre de la garantie de l'impôt sur l'or, la concession des terrains miniers que traversera la ligne, en faveur de la Compagnie qui assumerait la charge de la construction et de l'exploitation.

C'est d'ailleurs cette solution qui a prévalu dans les pays neufs, notamment au Canada, où les terrains miniers ont joué un rôle considérable dans la réussite de la construction du Transpacifique Canadien.

Coût de la construction. — L'Administration Pénitentiaire a procédé récemment à l'achèvement d'une petite ligne de chemin de fer, d'une quinzaine de kilomètres de longueur, reliant le port de Saint-Laurent du Maroni aux pénitenciers annexes qui l'avoisinent et au village de Saint-Jean, centre principal de la relégation, qui se trouve un peu en amont sur le Maroni même.

Chemin de fer du Maroni. — Ce petit chemin de fer est intéressant à plusieurs points de vue. Il montre d'abord ce qu'une Administration publique bien dirigée peut obtenir de la main-d'œuvre des transportés, quand elle est intelligemment employée ; car cette ligne a été construite entièrement et est actuellement exploitée uniquement au moyen de transportés. La réussite de ce travail est due, il faut le dire, à l'action personnelle de M. le Directeur de l'Administration pénitentiaire et à l'énergie d'un de ses collaborateurs, M. Petit, qui, dans ses modestes fonctions de Conducteur des Ponts et Chaussées, a su mener à bien, dans un délai très court, l'achèvement de cette ligne sans le concours d'aucun autre agent technique ni d'aucun entrepreneur. Je suis heureux de pouvoir rendre à ces deux personnes ce témoignage aussi désintéressé que sincère. Les frais généraux ont donc été réduits dans ce cas à un minimum que je tiens d'autant plus à faire remarquer, qu'il se présente rarement dans des travaux exécutés par l'Administration. La ligne, qui circule presque constamment en forêt, a $0^m,60$ d'écartement entre rails et comporte plusieurs ponts métalliques, dont un de 60 mètres d'ouverture, monté sur pieux vissés. Elle a coûté, matériel roulant compris, mais main-d'œuvre portée pour mémoire — puisqu'il s'agit de transportés dont l'entretien, qu'ils travaillent ou non, est toujours prévu au budget — environ 40.000 francs par kilomètre, soit 600.000 francs pour son ensemble. La majeure partie de ce prix de revient est constituée par l'achat du matériel roulant, ainsi que des rails et traverses. Ces dernières sont en acier embouti, type excellent, qui évite la destruction rapide des traverses en bois sous ce climat tropical.

On peut prendre comme base les données qui précèdent pour ce qui concerne l'estimation du prix de revient du réseau de chemins de fer guyanais. Il convient néanmoins de le majorer de 50 p. 100, pour tenir compte d'abord de l'augmentation de section de la voie, celle de $0^m,60$ étant insuffisante pour un réseau d'intérêt général, ensuite pour tenir compte des frais de personnel européen libre, appelé à diriger l'entreprise en dehors du personnel pénitentiaire proprement dit et des cadres de ce personnel, qui seraient, au même titre que la main-d'œuvre, affectés gratuitement à l'exécution de ce travail d'utilité publique.

Emploi des transportés. — C'est là en effet une occasion, on peut dire unique, de répondre à la préoccupation, qui se fait de jour en jour plus intense dans le public, de trouver pour les individus transportés ou relégués une utilisation qui permette d'allier les deux principes qui doivent régir l'emploi de cette main-d'œuvre. Ces deux principes sont les suivants : 1° Utiliser ces individus de manière à ce que les travaux forcés ne soient pas simplement une formule, mais une réalité, et que la population du bagne ne soit pas la seule qui, dans notre état social actuel, échappe à la règle qui s'impose à tous les honnêtes gens, d'être obligés de travailler pour vivre ;

2° Éviter, d'autre part, que son emploi au profit d'intérêts particuliers ne vienne affaiblir le caractère disciplinaire et répressif qui doit caractériser l'exécution des travaux ayant un caractère pénal.

Conclusions. — Pour résumer ce qui précède, je considère comme parfaitement et pratiquement exécutable un réseau de chemins de fer réunissant les placers guyanais à la capitale sur les bases suivantes :

I. — *Longueur et tracé du réseau.* — 350 kilomètres divisés comme suit :

150 kilomètres : ligne de pénétration allant de Cayenne, par la Comté et l'Approuague, à la zône aurifère ;

200 kilomètres : développement parallèle à la côte à travers la zône aurifère, depuis l'Awa par la crique Inini, jusqu'au territoire du Contesté Franco-Brésilien actuel.

II. — *Emploi gratuit de la main-d'œuvre pénitentiaire.* — Affecter à l'exécution de ce travail toute la main-d'œuvre pénitentiaire qui n'est pas strictement nécessaire au service intérieur de cette Administration. Ce serait là l'unique part contributive à demander à l'État pour l'exécution du réseau. Elle ne nécessiterait aucune augmentation des crédits alloués chaque année par le budget de la Métropole.

III. — *Concession du réseau.* — Concéder ce réseau à une Société qui s'obligerait à faire les dépenses nécessaires pour l'achat et la mise en place du matériel fixe et roulant et qui assurerait l'exploitation de la ligne au fur et à mesure de son achèvement.

IV. — *Concessions des terrains bordant la voie.* — Concession gratuite à la Compagnie, sur les deux côtés de la voie, et en toute propriété, d'une largeur de 10 kilomètres, en respectant bien entendu les droits acquis et les concessions déjà accordées antérieurement à la construction des lignes.

V. — *Prélèvement sur le rendement du droit de sortie sur l'or.* — Prélever, sur le produit du droit de sortie sur l'or, la somme nécessaire pour parfaire, à titre de garantie d'intérêt du capital engagé dans la construction, un revenu déterminé de 5 p. 100 par exemple, au-delà duquel cette garantie cesserait de fonctionner.

Cette dernière mesure devrait être accompagnée d'une organisation sérieuse et d'un contrôle efficace ayant pour résultat de *faire payer ce droit de sortie à tous les exploitants sans exception.*

V. — LÉGISLATION MINIÈRE.

Double législation. — La recherche, la concession et l'exploitation des placers et filons aurifères en Guyane Française, sont réglementées par deux législations entièrement différentes.

La première est entièrement conforme à la Loi française du 21 Avril 1810, qui a été rendue exécutoire dans la Colonie par un Décret du 1er Avril 1858 (*). Ce Décret a simplement apporté quelques changements sans importance dans des questions d'attribution et de compétence, mais il n'a rien changé aux règles de fond qui régissent la matière dans la mère-patrie.

Décret du 18 mars 1881. — Un Décret Présidentiel du 18 Mars 1881 (**) et un autre Décret du 27 Mai 1882 (***), réglementant l'exploitation des filons et gisements aurifères à la Guyane Française, constituent en réalité le régime sous lequel se trouvent placées la presque totalité des exploitations aurifères guyanaises. Il offre en effet de tels avantages au point de vue de la rapidité et de la simplicité des formalités nécessaires pour obtenir le droit d'exploiter, que les intéressés n'ont recours que dans des circonstances tout à fait exceptionnelles et très rares à la Loi de 1810.

(*) *Annales des Mines*, part. admin., Vol de 1858, p. 49.
(**) *Annales des Mines*, part. admin., Vol. de 1883, p. 313.
(***) *Annales des Mines*, part. admin., Vol. de 1883, p. 320.

Je renvoie aux textes précités pour tout ce qui concerne la demande du permis des recherches et l'obtention du permis d'exploitation valable pendant neuf années. C'est ce dernier permis qui constitue en réalité, l'unique titre conférant à l'exploitant la possession du terrain et le droit à la jouissance des produits.

Principe de législation actuelle. — La base de toute cette législation est la reconnaissance, en faveur du premier demandeur, d'un droit absolu à l'obtention du permis d'exploitation valable pour neuf années consécutives, qui se substitue au permis de recherches après la période de deux ans, pour laquelle ce dernier est habituellement accordé.

C'est là une excellente mesure, commune d'ailleurs à toutes nos législations coloniales et qui est seule susceptible d'entretenir l'esprit de prospection et de recherches avec la garantie pour les inventeurs qu'ils ne pourront en aucun cas être frustrés du fruit de leur travail.

La seule lacune que présente la législation établie par le Décret du 18 Mars 1881, consiste dans le fait que le renouvellement du permis d'exploitation, à l'expiration des neuf années qui constituent sa durée normale, *n'est pas un droit.*

L'article 26 dit en effet textuellement :

« La durée du permis d'exploitation est de neuf années « entières et consécutives. — *Ce permis est indéfiniment* « *renouvelable.* »

La transformation du permis de recherche en permis d'exploitation constitue, au contraire, un *droit absolu* en faveur du titulaire du permis de recherches.

Incertitude des détenteurs de permis d'exploitation. — Quelle est donc la situation de l'exploitant guyanais, nanti du seul titre définitif qu'il puisse obtenir aux termes du Décret du 18 Mars 1881 ?

Il est bénéficiaire d'un permis d'exploitation valable

pendant neuf années consécutives ; mais il ne peut être assuré de rester titulaire de ce permis, au-delà des neuf années, pendant une ou plusieurs périodes d'égale durée, que par un consentement *purement discrétionnaire* de l'Administration.

Il est évident que c'est une situation inadmissible pour des gisements présentant une importance suffisante, — que ce soient des placers, ou *a fortiori* des filons, — pour motiver des installations coûteuses, des immobilisations le capital, la création de voies de communication, tout ce qui, en un mot, est de nature à marquer un progrès dans l'industrie guyanaise.

Il ne faut pas croire que l'exploitant puisse résoudre cette difficulté en demandant, ce qu'il lui est toujours loisible de faire, d'être soumis à la législation établie par la Loi du 21 Avril 1810. Il faut remarquer en effet que les deux législations se superposent dans la colonie (Art. 46).

En pratique, c'est cette solution qu'ont adoptée tous les grands placers, pour se procurer un titre authentique et définitif de propriété minière.

Mais il est superflu de faire remarquer que c'est une solution précaire et insuffisante, car la Loi de 1810 stipule expressément que le choix du concessionnaire définitif, une fois la demande de concession déposée, est une mesure *absolument discrétionnaire*. Le titulaire d'un permis d'exploitation qui demande la transformation de son titre en concession définitive, conformément à la Loi de 1810, se trouve donc exposé à des demandes de concessions en concurrence avec la sienne, et il peut se trouver dépossédé de la concession qu'il a possédée et exploitée pendant neuf années sans recours possible et sans autre indemnité que celle, toujours aléatoire, que le Décret de concession fixe en faveur de l'inventeur.

Modifications à introduire. — Cette lacune dans la législation guyanaise a déjà été signalée depuis longtemps (*), et la Colonie a demandé à plusieurs reprises que le Décret du 18 Mars 1881 fût complété, d'une façon d'ailleurs très simple, en transformant en *droit nettement défini* le renouvellement du permis d'exploitation en faveur de son détenteur, au lieu d'en faire une mesure purement discrétionnaire.

On avait proposé aussi, conformément à ce qui se fait en Nouvelle-Calédonie et dans l'Inde, que la propriété définitive, à titre de mine concédée, puisse être instituée, comme le sont maintenant les permis d'exploitation, par Arrêté du Gouverneur. Il faudrait, dans ce cas, stipuler un délai déterminé pour former contre les décisions du Gouverneur un recours devant le Ministre. S'il n'en était pas ainsi, la difficulté que je viens de signaler ne serait pas résolue, et le concessionnaire institué par l'Arrêté du Gouverneur se trouverait posséder un titre toujours attaquable. Quelles que soient, en effet, les décisions prises par le Gouverneur en Conseil privé, un recours hiérarchique est toujours ouvert par-devant le Ministre, contre toute décision ainsi rendue (A. C., 23 Novembre 1883, Société des Mines d'or de la Guyane C. Malguy).

En fait, pour éviter ces complications possibles et cette exception à introduire dans notre Droit administratif, le plus simple est qu'il soit spécifié que le renouvellement du permis d'exploitation au profit de son titulaire, à l'expiration de ses périodes de validité, *constitue un droit et non une mesure discrétionnaire*.

Des surfaces concédées. — La surface maxima de 5.000 hectares, fixée tant pour les permis de recherches que pour les permis d'exploitation, a été aussi l'objet de certaines critiques, touchant la possibilité qu'elle donne de créer des monopoles. Cette latitude trouve un puissant correctif dans la redevance fixe par hectare, déterminée

---

(*) *Législation des Mines*, par M. Louis AGUILLON, T. II, p. 413.

chaque année pour l'année suivante par le Conseil Général lors du vote du budget local, et qui est fixée actuellement à la somme de 0 fr. 50.

En pratique, les permis d'exploitation sont toujours ramenés à des dimensions beaucoup plus modestes. Quant à ce qui est relatif au permis de recherches, il est indispensable, au contraire, qu'on puisse s'assurer à bon marché, préalablement à toute prospection dans une région déterminée, la certitude de rester propriétaire des découvertes qu'on y peut faire. Toute limitation dans cette faculté serait une prime donnée aux prospecteurs de mauvaise foi, au détriment de l'esprit d'entreprise qu'il est si nécessaire de maintenir intact dans un pays comme la Guyane, qui ne vit et prospère que par la découverte et la mise en exploitation de ses placers.

Nécessité de la fixation d'une limite maxima du droit de sortie. — Le droit de sortie *ad valorem*, dont j'ai longuement parlé plus haut, est réglé également par une décision du Conseil Général de la Colonie, lors du vote annuel du budget local. Il est fixé invariablement, depuis la décision de ce Conseil en date du 8 Décembre 1879, à 8 p. 100 de la valeur de l'or, estimée en moyenne au prix de 2 fr. 70 le gramme. Enfin il existe une taxe de 5 francs par kilogramme d'or, établie dans les mêmes conditions, à l'entrée du métal précieux dans Cayenne.

Il est indubitable qu'au point de vue du droit administratif, la faculté pour la Colonie de frapper une taxe, sous forme de droit de sortie sur les produits du pays, constitue une de ses prérogatives essentielles. D'autre part, l'intérêt général exige que les impôts miniers *soient fixés d'une manière définitive et ne soient pas soumis, sans recours, à l'appréciation d'une Assemblée unique, dans laquelle les représentants de la colonie sont seuls appelés à siéger.*

Il est contraire à la nature des choses que le montant des impôts miniers, aussi bien la redevance fixe par hectare que le droit de sortie *ad valorem*, puisse être modifié d'une année à l'autre, surtout lorsqu'il s'agit, comme dans l'espèce, de taxes représentant des chiffres considérables, dont l'élévation ou l'abaissement subit et imprévu peuvent être de nature à bouleverser profondément l'industrie vitale du pays.

En pratique, on l'a si bien compris, que les taxes que j'ai indiquées plus haut n'ont pas varié depuis de longues années. Mais, au point de vue purement légal auquel je me place ici, ce n'est pas ce qui a été fait, mais ce qui pourrait se faire qu'il importe de mettre en évidence, et c'est à ce titre qu'il convient, dans l'esquisse que je viens de tracer des améliorations à apporter au régime minier de la Guyane, de fixer la *limite maxima* qui ne pourrait dans aucun cas être dépassée tant pour la redevance par hectare que pour les droits d'octroi et pour le droit de sortie que l'Administration locale aura la faculté de prélever sur les exploitants. Ce n'est d'ailleurs pas là une innovation, car ce principe est appliqué dans la législation minière d'autres colonies françaises.

Droit maximum à 8 p. 100. — Quant à la quotité même du droit de sortie actuelle, elle me parait être un grand maximum, dont l'abaissement est d'autant plus désirable que les colonies voisines de Surinam et de Démerara frappent l'or à la sortie d'impôts infiniment moindres et favorisent ainsi l'exode clandestin de l'or recueilli sur le territoire français. Ces colonies, tout en maintenant le principe du droit de sortie, estiment que leur véritable richesse consiste à attirer chez elles une population de plus en plus nombreuse de travailleurs et de consommateurs, dont la présence sur leur territoire constitue un élément de prospérité autrement rémunérateur et autrement certain qu'une taxe écrasante sur une industrie, qui en est réduite alors, pour vivre, à limiter son action à l'écrémage des placers riches et à rester toujours dans un état d'infériorité vraiment navrant vis-à-vis de ses voisins industrieux et pratiques.

En Guyane Hollandaise, le droit de sortie sur l'or est de 5 p. 100 seulement, et en Guyane Anglaise il n'atteint même pas cette limite. On comprend que, dans ces conditions, les capitaux et les efforts des prospecteurs s'y portent de préférence à notre colonie, malgré la richesse incontestablement plus grande, reconnue par nos voisins eux-mêmes, et la proximité plus grande de la mer, des gisements aurifères situés en territoire français.

CONCLUSIONS GÉNÉRALES.

J'espère être arrivé, conformément au programme que je me suis tracé au début de cette étude, à indiquer d'une façon précise et pratique l'état actuel de l'industrie aurifère en Guyane et les progrès à faire pour permettre à cette industrie de prendre le développement que méritent ces richesses aurifères.

Loin d'être arrivée au terme de la période initiale, commune à tous les pays favorisés par la présence de l'or, période caractérisée par l'exploitation des placers, la Guyane n'est encore qu'au début de cette époque, caractérisée par l'écrémage des placers riches, au moyen de procédés tout à fait primitifs. Ces placers riches ne sont que très partiellement explorés, et il est indubitable que, sauf dans la zone immédiatement limitrophe des rivières navigables, il existe des quantités de gisements riches, qui n'attendent que la création de moyens de communication, pour être immédiatement mis en œuvre.

Je me suis attaché, en outre, à mettre en évidence les ressources inconnues jusqu'ici, que le pays doit trouver, indépendamment de l'exploitation des placers, dans la voie nouvelle de la recherche et de l'exploitation d'autres formations secondaires du métal précieux, conglomérats et surtout Roche à Ravets, dont la valeur avait été jusqu'à présent complètement méconnue. L'immense développement de cette formation, l'extrême facilité que présente la recherche de cette roche, par suite de sa position superficielle, enfin la facilité d'extraction de l'or qui s'y trouve à l'état libre, tout contribue à donner à cette nouvelle source de production aurifère une importance majeure, que je suis heureux d'avoir été le premier à signaler nettement à l'attention des exploitants.

On trouvera dans ce nouveau genre d'exploitation un passage tout naturel des travaux de placers proprement dits qui, par définition même, sont des travaux instables, à industrie des mines proprement dites. L'exploitation des alluvions aurifères demande sans cesse des changements dans les chantiers et exige constamment des recherches et des découvertes nouvelles pour assurer l'avenir. Les travaux miniers présentant un caractère permanent, comportant des installations fixes et définitives, caractérisent au contraire les gisements proprement dits de quartz aurifère.

Le traitement des Roches à Ravets tient le milieu entre les deux industries : participant au mode de formation des placers, par ce fait que l'or qu'elles contiennent s'y trouve à l'état natif et provient de la décomposition des gisements dioritiques primitifs ; mais, d'autre part, comportant comme les filons l'installation d'appareils fixes de traitement qui permettent de concentrer sur un centre fixe le traitement des minerais extraits d'un seul et même gisement.

J'ai attiré enfin l'attention sur l'immense progrès qu'assurera à la Guyane l'emploi d'appareils mécaniques pour le traitement des alluvions aurifères. C'est là que se trouve la solution du problème de l'utilisation économique des innombrables placers dits pauvres, actuellement inexploitables et qui n'attendent que la mise en œuvre de procédés de ce genre pour entrer eux-mêmes en ligne de compte. J'ai démontré, tant par les premiers dragages que j'ai effectués dans la colonie, que par des exemples pratiques empruntés au pays dans lequel les dragages d'alluvions aurifères sont devenus d'un usage courant, que l'emploi de ces appareils est désormais exempt de tout aléa purement technique et que leur réussite sur des placers ayant une teneur considérée comme infime par les exploitants actuels, est assurée d'un succès certain.

J'ai terminé enfin, en montrant que toutes ces améliorations prendront un essor d'autant plus rapide qu'on procédera plus tôt à l'exécution d'une voie ferrée reliant Cayenne aux placers. On dispose en Guyane d'une main-d'œuvre pénitentiaire qui constituera pour un travail de ce genre un précieux auxiliaire, en même temps qu'elle permettra de donner à cette main-d'œuvre un emploi pratique et rationnel, qui jusqu'ici n'a que trop fait défaut dans notre colonie.

Le moment est on ne peut plus propice pour entreprendre une œuvre de ce genre. Au Nord la Hollande et l'Angleterre, au Sud le Brésil sur la rive gauche de l'Amazone, se préoccupent déjà de la même question sur leurs territoires respectifs, et il est hors de doute que c'est le pays dont le réseau aura relié le premier les zones aurifères de l'intérieur au littoral, qui recueillera les bénéfices politiques et économiques de cette création.

ANNEXE

—

DÉCRETS

RÉGISSANT LA RECHERCHE ET L'EXPLOITATION
DES PLACERS AURIFÈRES

EN

GUYANE FRANÇAISE

DÉCRET

DU 18 MARS 1881.

***

Décret du Président de la République, du 18 MARS 1881, réglementant la recherche et l'exploitation des gisements et filons aurifères de la GUYANE FRANÇAISE.

Le Président de la République française,

Sur le rapport du ministre de la marine et des colonies ;

Vu l'arrêté local du 10 mars 1856, relatif à la délivrance des permis de recherches et d'explorations des gisements aurifères à la Guyane française ;

Vu le décret du 1er avril 1858, qui a rendu applicable à la Guyane, sous la réserve de certaines modifications, la loi du 21 avril 1810, sur les mines, minières et carrières ;

Vu l'article 18 du sénatus-consulte du 3 mai 1854 sur la constitution coloniale ;

Vu l'article 25 du décret du 23 décembre 1878, portant institution d'un conseil général à la Guyane ;

Vu les délibérations du conseil général en date des 29 novembre et 4, 6, 7, 8 et 9 décembre 1880 ;

Vu la délibération du conseil privé, du 30 décembre 1880 ;

Vu la lettre du gouverneur de la Guyane en date du 1er janvier 1881 ;

Décrète :

TITRE Ier. — DE LA RECHERCHE ET DE L'EXPLOITATION DES GISEMENTS ET FILONS AURIFÈRES.

Art. 1er. — Nul ne peut faire de recherches, pour découvrir des gisements ou filons aurifères sur un terrain qui ne lui appartient pas, sans le consentement du propriétaire du sol, ou sans un permis délivré par l'administration locale s'il s'agit d'un terrain appartenant à la colonie.

Art. 2. — Le propriétaire du sol, ou toute personne autorisée par lui, peut faire des recherches dans toutes les parties de sa propriété, à la charge d'en informer le directeur de l'intérieur qui délivrera récépissé de cette déclaration.

L'exploitation du terrain ne peut avoir lieu qu'en vertu d'un permis délivré conformément aux titres II et III du présent décret.

Art. 3. — Le permis de recherches implique le droit de faire des sondages, ainsi que tous les travaux d'exploration et de prospection sur le terrain qui en est l'objet, excepté dans les enclos murés et les terrains attenant à toutes habitations et clôtures murées à une distance de 100 mètres desdites habitations et clôtures.

Art. 4. — Le permis d'exploitation donne, en outre, le droit d'établir des machines, ateliers et magasins sur le terrain qui en est l'objet.

TITRE II. — DE L'OBTENTION DES PERMIS DE RECHERCHES.

Art. 5. — Toute personne, quelle que soit sa nationalité, agissant isolément ou en société, peut obtenir un permis de recherches.

Art. 6. — Celui qui veut obtenir un permis de recherches en fait la demande, par voie d'inscription sur un registre à souche tenu à cet effet au bureau du domaine, coté et paraphé par le directeur de l'intérieur.

Art. 7. — Chaque inscription doit contenir, indépendamment du numéro d'ordre :

1° Les noms, prénoms, profession et domicile du demandeur. S'il s'agit d'une société anonyme, sa dénomination, la composition de son conseil d'administration, le siège de la société et la désignation de son représentant dans la colonie ;

2° La désignation de la commune dans laquelle se trouve le terrain demandé ;

3° L'étendue et les limites de ce terrain ;

4° La date et l'heure de l'inscription.

Art. 8, § 1er. — L'inscription doit être faite immédiatement et sans aucun retard. Elle est signée par le demandeur ou par deux témoins de son choix, quand il ne sait ni lire ni écrire. Copie détachée de cette inscription lui est délivrée séance tenante.

§ 2. — L'étendue et les limites de ce terrain avec indication du point de repère admis par l'administration seront inscrits par le géomètre-arpenteur, au verso du récépissé.

Art. 9. — Dans les vingt-quatre heures qui suivent la délivrance du récépissé par le bureau des domaines, le demandeur est tenu de se présenter au bureau de l'arpenteur-géomètre. Ce fonctionnaire a un délai de quarante-huit heures pour établir et délivrer le plan du terrain demandé. Ce plan précisera l'étendue et les limites de ce terrain avec indication du point de repère admis par l'administration. Un nouveau délai de vingt-quatre heures est accordé au demandeur pour déposer son plan à la direction de l'intérieur, sous peine de perdre son droit de primauté.

Art. 10. — Les demandes prennent rang suivant la date et l'heure de l'inscription qui consacrent le droit de primauté.

Art. 11. — Dans le mois de son inscription, la demande est rendue publique au moyen d'un avis contenant les indications prescrites à l'article 7, inséré dans le *Journal officiel* de la colonie. Cette publication aura lieu à la diligence et aux frais du demandeur.

Art. 12. — Les parties intéressées ont, pour former leurs oppositions, un délai de trente jours francs, à partir de l'insertion.

Les oppositions sont formées par acte extra-judiciaire adressé au directeur de l'intérieur ; il en est fait mention en marge de la demande.

Les oppositions contiennent les noms, prénoms, professions et domiciles des opposants, ainsi que les motifs des oppositions.

Les pièces justificatives sont également remises au directeur de l'intérieur qui en délivre récépissé.

Art. 13. — Il est statué par le gouverneur, en conseil privé, sur le mérite de ces oppositions, sauf recours au contentieux administratif ou aux tribunaux ordinaires.

Art. 14. — A l'expiration du délai fixé par l'article 12, s'il n'est survenu aucune opposition, le permis de recherches est délivré par le directeur de l'intérieur.

Art. 15. — Le permis de recherches ne peut être accordé sur plus de 5.000 hectares.

Il est gratuit, valable pour un an, et peut être renouvelé pour une seconde année, si le permissionnaire justifie soit d'avoir fait des prospections sans succès, soit d'un empêchement de force majeure.

TITRE III. — Des permis d'exploitation.

Section Ire. — *De l'obtention des permis d'exploitation.*

Art. 16. — Tout porteur d'un permis de recherches, qui veut le faire convertir en permis d'exploitation, adresse sa demande à la direction de l'intérieur avant l'expiration de son permis de recherches sous peine de déchéance.

Il n'est donné aucune suite à cette demande, si elle n'est accompagnée du récépissé du receveur des domaines, constatant le dépôt, entre ses mains, du montant de la redevance pour une année.

Si le permis d'exploitation n'est pas accordé, la redevance est remboursée au demandeur.

Art. 17. — La demande du permis d'exploitation est immédiatement enregistrée à la direction de l'intérieur, sur un registre à souche, tenu à cet effet. Il en est délivré récépissé au demandeur.

Art. 18. — Le permis d'exploitation est délivré par le gouverneur, en conseil privé, dans le délai d'un mois.

Art. 19. — Le permis détermine l'étendue et les limites du terrain qui en est l'objet, ainsi que le point de repère.

Cette étendue, comme celle du permis de recherches, ne pourra être supérieure à 5.000 hectares.

Art. 20. — Toute demande tendant à modifier l'étendue d'un terrain doit être accompagnée d'un nouveau plan.

Art. 21. — L'administration ne garantit ni la contenance ni la situation exacte des concessions.

Art. 22. — Les frais de délimitation et de bornage restent à la charge des permissionnaires qui les auront requis.

Art. 23. — Toute personne, toute société ayant obtenu plusieurs permis d'exploitation est tenue d'en faire des exploitations distinctes et séparées.

Les terrains contigus peuvent être réunis en une seule exploitation, lorsque dans leur ensemble ils n'ont pas une contenance supérieure à 5.000 hectares.

Art. 24. — Le droit au permis d'exploitation peut être cédé.

Art. 25, § 1er. — Tout acte portant cession d'un permis d'exploitation en totalité ou en partie sera enregistré dans la colonie au droit de 2 fr. 50 p. 100.

§ 2. — Il en sera de même de tout acte constatant a mise en société d'un droit d'exploitation, en totalité ou en partie, par la constitution d'un capital dont le concessionnaire devra bénéficier, en tout ou en partie, soit directement, soit indirectement. Le droit sera perçu sur le capital constitué.

§ 3. — L'enregistrement aura lieu sous peine du double droit :

Pour les actes authentiques reçus dans la colonie dans les délais fixés par les dispositions qui y sont actuellement en vigueur ;

Pour les actes sous signatures privées faits aussi dans la colonie, dans un délai de trois mois à partir de la date des actes ;

Et pour les actes passés hors de la colonie, dans les délais déterminés par l'article 31 de l'ordonnance du 31 décembre 1828 sur l'enregistrement.

§ 4. — A défaut d'actes ou lorsque les parties prétendront qu'il n'existe pas de conventions écrites, il y sera suppléé par des déclarations détaillées et estimatives, certifiées sincères et véritables, et qui devront être faites dans les trois mois de l'entrée en possession, sous peine de double droit.

Toute déclaration inexacte ou insuffisante donnera lieu au double droit sur la différence constatée.

§ 5. — Les dispositions édictées par l'ordonnance du 31 décembre 1828, en matière de recherches et de contribution des mutations d'immeubles, seront applicables aux actes et conventions verbales mentionnés au présent article.

Art. 26. — La durée du permis d'exploitation est de neuf années entières et consécutives.

Ce permis est indéfiniment renouvelable.

Art. 27. — Pendant la durée de son permis, le permissionnaire peut y renoncer, en prévenant le directeur de l'intérieur trois mois au moins avant l'expiration de l'année commencée. Faute par lui de prévenir dans le délai ci-dessus fixé, la redevance courra de plein droit.

SECTION II. — *Du renouvellement du permis d'exploitation.*

Art. 28. — Le permissionnaire qui veut obtenir le renouvellement de son permis d'exploitation adresse sa demande au directeur de l'intérieur avant l'expiration dé la neuvième année.

Art. 29. — Dans le mois de la demande et sans autres formalités, le gouverneur statue, en conseil privé, sur cette demande.

TITRE IV. — Des obligations des porteurs de permis
d'exploitation.

Art. 30. — Tout permis d'exploitation de terrains aurifères appartenant à la colonie donne ouverture à une redevance fixe et annuelle par hectare.

Art. 31, § 1er. — Il sera perçu en outre et indépendamment d'une taxe à l'entrée en ville, par kilogramme d'or ou fraction, un droit sur la valeur de l'or natif à sa sortie de la colonie.

§ 2. — Le taux de la redevance fixe, la taxe à l'entrée en ville, ainsi que le droit de sortie représentant l'impôt foncier, seront réglés chaque année pour l'année suivante, lors du vote du budget local.

Art. 32. — La redevance fixe est payable d'avance chaque année.

Art. 33. — Faute par le concessionnaire de payer le montant de cette redevance dans les trente jours de son échéance, il sera déclaré déchu de sa concession.

La déchéance est prononcée par le gouverneur, en conseil privé. Toutefois le concessionnaire en retard conserve le droit de se libérer jusqu'à la décision qui la prononce.

Art. 34. — Le gouverneur, en conseil privé, peut accorder la remise, soit de la totalité, soit d'une partie de la redevance annuelle, en cas d'accident résultant de force majeure.

Art. 35. — L'administration conserve la faculté de faire établir ou de laisser établir sur les terrains du domaine faisant l'objet d'un permis de recherches ou d'exploitation, les routes, chemins, canaux et aqueducs qui sont jugés nécessaires au service public.

Donneront seuls droit à une indemnité les constructions, aménagements et installations dont les emplacements pourraient être nécessaires à l'établissement ou au passage de ces routes, chemins, canaux et aqueducs.

Art. 36, § 1er. — Toute quantité d'or natif sortant d'un placer devra, quelle que soit sa destination, être accompagnée d'un certificat de sortie, détaché d'un registre à souche tenu sur le placer, également coté et parafé par le maire de la commune.

§ 2. — Le certificat dit *laissez passer* indiquera exactement le nom de la concession, le numéro du registre, la date de l'envoi, le poids du métal expédié, sa destination, les noms, prénoms et profession de l'expéditeur et du patron chargé du transport et ceux du destinataire.

§ 3. — En cas de changement du porteur en cours de voyage, il en sera fait mention sur le certificat.

§ 4. — Le registre à souche, ainsi que le laissez-passer, devra être représenté à tout agent de l'autorité qui en demandera l'exhibition.

TITRE V. — DES PERMIS DE RECHERCHES ET D'EXPLOITATION DANS LES COURS D'EAU.

Art. 37. — Les dispositions qui précèdent sont applicables aux permis de recherches et d'exploitation dans le lit des fleuves et des rivières flottables ou navigables, sous les modifications suivantes:

1° Le permis règle le mode d'exploitation ;

2° Le permissionnaire est soumis aux obligations jugées nécessaires pour assurer la libre navigation sur les fleuves et rivières.

TITRE VI. — DES PERMIS D'EXPLOITATION ANTÉRIEURS.

Art. 38. — Les porteurs de permis obtenus ou renouvelés antérieurement à la promulgation du présent décret deviennent, de plein droit et sans aucune formalité préalable, permissionnaires d'exploitation, pour neuf années, des terrains désignés dans ces permis, sauf renonciation ou demande en réduction de leur part, déclarée à la direction de l'intérieur dans l'année qui suivra la promulgation du présent décret.

Ces neuf années commencent à courir du jour où le permis aura pris fin.

Art. 39. — Il est accordé aux permissionnaires de cette catégorie un délai d'une année pour rentrer dans les conditions des articles 19, § 2, 20 et 23 du présent décret.

TITRE VII. — DES PÉNALITÉS.

Art. 40. — Les infractions aux dispositions du présent décret sont constatées et punies conformément aux dispositions ci-après:

Art. 51. — Seront punis d'une amende 100 à 250 francs.

1° Ceux qui se livreront à l'exploration d'un terrain sans un permis délivré par l'administration locale, s'il s'agit d'un terrain appartenant à la colonie, ou sans en avoir informé le directeur de l'intérieur, s'il s'agit d'une propriété privée ;

2° Ceux qui auront refusé de présenter le registre à souche ainsi que le laissez-passer prévus par l'article 36 à toutes réquisitions des agents de l'autorité ;

3° Ceux qui entreront en ville ou tenteront d'entrer en ville de l'or natif sans payer la taxe.

Art. 42. — Seront punis d'une amende de 500 à 1.500 francs :

1° Ceux qui se livreront à l'exploitation d'un terrain sans avoir obtenu un permis de l'administration ;

2° Les permissionnaires qui, à l'échéance de leur permis d'exploitation de neuf ans, en continueront l'exploitation sans en avoir obtenu le renouvellement conformément à l'article 28.

Art. 43. — Seront punis d'une amende de 500 à 3.000 francs :

Ceux qui exporteront ou tenteront d'exporter de l'or natif sans en avoir préalablement payé les droits.

Art. 44. — Dans les cas prévus par les articles 41, § 3, et 43, la confiscation de l'or saisi sera toujours prononcée.

Art. 45. — L'article 463 du Code pénal sera toujours applicable aux dispositions du présent décret.

DISPOSITIONS GÉNÉRALES.

Art. — 46. A l'exception de la loi du 21 avril 1810, qui recevra son application si des demandes de concessions de mines sont faites, la législation locale sur la matière actuellement en vigueur est et demeure abrogée.

Art. 47. — Le gouverneur règlera par des arrêtés les questions de détail que pourra comporter l'application du présent décret.

Fait à Paris, le 18 mars 1881.
Jules Grévy.

Par le Président de la République :
Le Ministre de la marine et des colonies,
    G. Cloué.

DÉCRET

DU 27 MAI 1882.

———

Décret du Président de la République, du 27 MAI 1882, **modifiant deux articles du décret du 18 mars 1881, relatif à la recherche et à l'exploitation des gisements et filons aurifères de la** GUYANE FRANÇAISE.

Le Président de la République française,

Sur le rapport du ministre de la marine et des colonies :

Vu le décret du 18 mars 1881, sur la recherche et l'exploitation des gisements et filons aurifères à la Guyane française ;

Vu les délibérations du conseil général de la Guyane française des 19 et 26 décembre 1881 ;

Vu l'avis exprimé par le gouverneur de ladite colonie, par lettre du 2 avril 1882 ;

Décrète :

Article unique. — Les articles 9 et 15 du décret susvisé du 18 mars 1881 sont rapportés et remplacés par les dispositions suivantes :

« *Art.* 9. — Dans les quarante-huit heures qui suivront la délivrance des récépissés par le bureau des domaines, le demandeur est tenu de se faire délivrer, soit par le géomètre-arpenteur, soit par un arpenteur libre de la colonie, le plan du terrain demandé.

« Ce plan, établi d'après la carte officielle et les archives du bureau du cadastre, précisera l'étendue et les limites du terrain, avec indication du point de repère admis par l'administration.

« Cette indication sera toujours fournie, quel que soit l'auteur du plan, par le géomètre-arpenteur, et certifiée par lui.

« Un nouveau délai de vingt-quatre heures est accordé au demandeur pour déposer son plan à la direction de l'intérieur, sous peine de perdre son droit de primauté.

« *Art.* 15. — Le permis de recherches né peut être accordé sur plus de 5.000 hectares. Il est gratuit, valable pour un an, et ne peut être renouvelé qu'après le paiement d'une redevance fixée à 0 fr. 10 l'hectare.

« Dans le cas où le terrain pour lequel il a été délivré un permis de recherches serait abandonné par le permissionnaire, l'administration ne pourra le concéder à un tiers, à titre gratuit, qu'autant que cette concession sera restée vacante pendant une année au moins.

« Le permissionnaire qui, à l'expiration des deux années, n'a pas converti son permis de recherches en permis d'exploitation, perdra son droit au renouvellement de sa concession, qui fera retour au domaine. »

Fait à Paris, le 27 mai 1882.

JULES GRÉVY.

Par le **Président** de la **République :**
Le Ministre de la marine et des colonies,
JAURÉGUIBERRY.

BIBLIOGRAPHIE

I. — Ouvrages spéciaux sur l'or dans les Guyanes.

1785. Description de la Guyane française, Ouvrage du Chevalier Le Blond. Paris, Bibliothèque Nationale.

1867. JANNETTAZ. — Or dans la Guyane Française (*B. S. G. Fr.*, 2° Série, T. XXIV).

1873. G. BARVEAUX, ingénieur civil. — L'or à la Guyane Française. — *Moniteur de la Guyane Française* et *Revue Maritime et Coloniale* (Mai 1873).

1874. G. DE LA BOUGLISE. — Les placers de la Guyane Française. *Journal Officiel*, 20 et 22 Juin 1874. — *Revue Maritime et Coloniale*, Avril 1875.

1875. BROWN AND SAWKINS. — Reports on the physical, descriptive and economical geology of British Guiana. 1 vol. in-8°, Londres.

1879. E. COUY, G. DOMMARTIN et JUNET. — Rapport (inédit) sur le placer Enfin, Quartier de Mana (Bibliothèque de l'Ecole des Mines).

1879. Ch. VÉLAIN. — Notes géologiques sur la Haute-Guyane, d'après les explorations du Dr Crevaux (*Bull. Soc. Géol. de France*, 3° série, VII, p. 388-395 ; IX, 1891, p. 396-417).

1883. G. FIEUX. — Etude sur l'Approuague (Guyane Française). — (*Bulletin de l'Ecole des Mines*).

1884. DESBANS. — Or à la Guyane Française (*Ind. Min.*, 2° Série, t. XII).

1885. Viala, Ingénieur civil des Mines. — Rapport (manuscrit) sur le Placer Maripa.

1885. Viala. — L'or en Guyane Française. 1 vol.

1885. Ch. Vélain. — Esquisse géologique de la Guyane Française et des bassins du Parou et du Yari, d'après les explorations du Dr Crevaux (*Bull. Soc. Géogr.*, 7e série, VI, p. 453-492, avec carte).

1888. H. Babinski. — Quelques mots sur les gisements aurifères de la Guyane. Rapport sur les placers Saint-Élie et A-Dieu-Vat.

1888. — K. Martin. — Geol. Studien über Niederlaendish West-Indien auf grund eigener Untersuchungsreisen. Leiden, p. 141-218, avec carte géol.

1889. J. Moufflet, Ingénieur. — Rapport sur les gisements aurifères de la Cie des mines d'or du Sinnamary (manuscrit).

1890. Du même. — *Revue Scientifique*, Numéro du 8 Février 1890.

1893. Fuchs et de Launay. — Traité des gîtes minéraux. Vol. II, p. 986. Guyane.

1895. P. Mimande. — Nouveaux gisements d'or en Guyane Française. Illustration. Numéro du 12 Janvier 1895.

1896. Henry-G. Granger. — Gold in the Guianas. — *American Institute of Mining Engineers*. Vol. XXI, page 516.

1896. Charles-B. Clarke. — Quartz mines in British Guiana. *Engineering and Mining Journal*, Numéro du 11 Juillet.

1896. Charles-B. Clarke. — Future gold fields Guiana's. Même publication, Numéro du 7 Novembre.

1896. British Guiana's Mining Regulations. Georgetown, Imprimerie Jardine.

1897. M. Bernard, Ingénieur au Corps des Mines. — Rapport (inédit) sur les placers du Territoire Contesté Franco-Brésilien.

1897. L. de Launay. — Contribution à l'étude des Gîtes métallifères. *Annales des Mines*, Livraison d'Août 1897, p. 110.

1897. Ed. Suess. — La face de la Terre (Das Anlitz der Erde). Traduction française, p. 681. Paris, A. Colin et Cie, éditeurs.

1898. R.-W. Raymond. — Note on limonite pseudomorphs from Dutch Guiana. — *American Institute of Mining Engineers*, Atlantic City meeting.

1898. Henry G. Granger et Edw. B. Treville. — Mining Districts of Colombia. — *American Institute of Mining Engineers.* — Atlantic City Meeting.

II. — Renseignements généraux sur les Guyanes.

C.-B. Brown. — Canoe and Camp life in British Guiana.

Aug. Kappler. — Holländisch Guiana, 1885.

Rich. Schomburgk. — Reisen in British Guiana.

De Bovet. — L'industrie minérale dans la province de Minas Geraes.

F. Ferrand. — L'or à Minas Geraes. Ouro Preto, 1894.

Dr J. Crevaux. — Voyage d'exploration dans la Guyane. Paris. Hachette.

Henri-A. Coudreau. — La France équinoxiale.

G. Verschuur. — Tour du monde, 1893. Les Guyanes.

Élisée Reclus. — Géographie Universelle. Tome XIX.

III. — Itinéraires de la Guyane Française.

Patris, 1762.	De Bauve et Ferré, 1831.	Dr Crevaux, 1877.
Mentelle, 1782.		Jacob, 1888.
Le Blond, 1788.	Leprieur, 1832.	Coudreau, 1887-91.
Gatier, 1823.	Vidal, 1862.	

TABLE DES PLANCHES

TABLE DES MATIÈRES.

CHAPITRE II.

EXPLOITATIONS AURIFÈRES ACTUELLES.

MONOGRAPHIES DE DIVERS PLACERS.

CHAPITRE III.

AVENIR DES PLACERS GUYANAIS.

I. — Méthode pour les recherches.

II. — Exploitation des alluvions par moyens mécaniques.

III. — De la main-d'œuvre.

IV. — Des moyens de transport.

Conclusions.

V. — LÉGISLATION MINIÈRE.

CONCLUSIONS GÉNÉRALES.   215

ANNEXE.

BIBLIOGRAPHIE.   231

TABLE DES PLANCHES.   235